KB191370

十看不如一讀(십간불여일독)이요.
열 번 눈으로 보기만 하는 것은 한번 소리 내어 읽는 것만 못하고,

十讀不如一書(십독불여일서)이다.
열 번 소리 내어 읽는 것은 한번 정성들여 쓰는 것만 못하다.

대한민국 대표한자

아이한자
www.ihanja.com

왜! 한자를 알아야 하는가?

- 논술은 어휘력(語彙力)이 좌우한다.
- 논술은 고급 단어(單語)는 주로 한자어(漢字語)로 되어 있다.
- 문해력(文解力)은 국어분 아니라 모든 과목의 기초 학습 능력과 직결되므로 초등 저학년부터 꾸준히 글을 읽으면서 어휘를 익히고 다양한 문제를 통해 문해(文解) 감각을 익혀야 한다.
- 한자(漢字) 학습과 배경지식 함양이 국어 독해력 및 문해력 향상의 지름길이다.

급수한자 5급(500字) 자격증 바로따기
8급~5급 (상권)

발 행 일	2025년 5월 10일 1판 1쇄 발행
저 자	권용선 (權容璿)
발 행 인	배영순
발 행 처	홍익교육 (홍익에듀)
주 소	경기도 광명시 광명동 747-19 리츠팰리스 비동 504호
전 화	02-2060-4011
등 록 번 호	2010-10호
페 이 지	136p
사 이 즈	188×257
이메일 문의	ihanja@ihanja.com
정 가	12,000원

※ 학습 대상 : 초등생, 중·고등생, 대학생, 일반인 등
ISBN | 979-11-88505-17-3 / 64710
세트 번호 | 979-11-88505-19-7(세트)

이 책에 실린 글과 그림의 무단전재나 복제를 금합니다.
좋은 책을 만드는 데 협조해 주신 분들께 감사드립니다.

머리말

본서는 우리 국어의 70% 이상을 차지하는 한자어를 이해하고 효과적으로 활용하는데 그 목적이 있다. 이를 위해 먼저 그 한자가 지니고 있는 특성을 바탕으로 하는 훈(訓:뜻)과 음(音:소리)을 익히고, 각 글자에 대한 짜임과 순서를 정확히 알고, 관련 어휘(語彙)를 아는 것이 궁극적인 목적이다.

따라 쓰기의 연습 과정에서 가장 중요한 것은 바른 서체를 잘 선택하고, 획순을 보지 않고서도 쓸 수 있을 때까지 한 자 한 자 열심히 써 보고, 관련 어휘 뜻풀이도 익히도록 한다.

처음에는 많은 글씨를 빨리 쓰기보다는 정성 들여 써 보는 것이 가장 효과적이다.

본서는 급수 한자 1,000字를 각 급수별(8급-4급)로 분류하여 학습자가 올바르게 쓰는데 주안점을 두었다. 특히 이 교재는 각종 단체에서 실시하는 한자 급수 시험에 대비하기 위한 준비 교재로 활용하도록 만들었다.

상권에서는 모두 500字를 익히게 하여 8급에서 5급 급수 시험에, **하권**에서도 모두 500字를 익히게 하여 준4급에서 4급 급수 시험에, 상권, 하권을 합해 1,000 字를 학습 할 수 있도록 하였으며, **특히 1,000字 한자 관련 초등학교에서 꼭 필요한 따라 쓰기와 어휘 뜻풀이 2,000여개를 수록하였다.** 학습 방법으로는 다음과 같이 하였다.

여러분들의 큰 성과를 기대하며, 감사(感謝) 드린다.

홍익교육(홍익에듀)

權容瑄(권용선)

목차

이 책의 특징

- 8급에서 5급까지 획순 익히기 500字 수록
- 8급에서 5급까지 획순 따라 쓰기 500字 수록
- 관련 어휘 뜻풀이 1,000여개 수록
- 쓰기 연습장 수록
- 장음으로만 발음되는 한자 (漢字) : 표시
  장음과 단음이 단어에 따라 다른 것은 (:) 표시
- 한국어문회 기준 각 급수별로 분류 (8급, 7급, 6급, 5급)
- 참고사항
  훈(뜻)과 음(소리) 두 개 이상이 있을 경우에는 앞에 있는
  것이 대표 훈(뜻)과 음(소리)입니다.
  예) 部 : 떼/나눌/부분 부

8급 급수한자(50字) 목록

회차 (페이지)	해당 한자	선생님 확인	회차 (페이지)	해당 한자	선생님 확인
1회 (10p)	日 月 火 水 木 일 월 화 수 목		6회 (15p)	父 母 兄 弟 寸 부 모 형 제 촌	
2회 (11p)	金 土 中 小 山 금 토 중 소 산		7회 (16p)	女 人 長 年 門 여 인 장 년 문	
3회 (12p)	一 二 三 四 五 일 이 삼 사 오		8회 (17p)	先 生 靑 白 軍 선 생 청 백 군	
4회 (13p)	六 七 八 九 十 육 칠 팔 구 십		9회 (18p)	學 校 敎 室 萬 학 교 교 실 만	
5회 (14p)	東 西 南 北 外 동 서 남 북 외		10회 (19p)	大 韓 民 國 王 대 한 민 국 왕	

*참고 : "확인"란은 선생님, 학부모님께서 체크해 주시면 됩니다.

7급 급수한자(100字) 목록

회차 (페이지)	해당 한자	선생님 확인	회차 (페이지)	해당 한자	선생님 확인
1회 (22p)	天 地 自 然 川 천 지 자 연 천		11회 (32p)	文 字 漢 語 登 문 자 한 어 등	
2회 (23p)	上 下 出 入 內 상 하 출 입 내		12회 (33p)	工 夫 問 答 記 공 부 문 답 기	
3회 (24p)	左 右 前 後 方 좌 우 전 후 방		13회 (34p)	午 時 夕 來 每 오 시 석 래 매	
4회 (25p)	手 足 面 口 力 수 족 면 구 력		14회 (35p)	安 全 活 動 休 안 전 활 동 휴	
5회 (26p)	男 子 老 少 命 남 자 노 소 명		15회 (36p)	便 紙 孝 道 祖 편 지 효 도 조	
6회 (27p)	主 食 家 事 育 주 식 가 사 육		16회 (37p)	江 海 心 色 同 강 해 심 색 동	
7회 (28p)	正 直 不 平 有 정 직 불 평 유		17회 (38p)	立 場 歌 話 重 립 장 가 활 중	
8회 (29p)	姓 名 住 所 市 성 명 주 소 시		18회 (39p)	春 夏 秋 冬 空 춘 하 추 동 공	
9회 (30p)	世 間 電 氣 車 세 간 전 기 차		19회 (40p)	植 物 花 草 林 식 물 화 초 림	
10회 (31p)	百 千 算 數 旗 백 천 산 수 기		20회 (41p)	農 村 洞 里 邑 농 촌 동 리 읍	

*참고 : "확인"란은 선생님, 학부모님께서 체크해 주시면 됩니다.

6급 급수한자(150字) 목록

회차 (페이지)	해당 한자	선생님 확인	회차 (페이지)	해당 한자	선생님 확인
1회 (44p)	各角感强開 각 각 감 강 개		16회 (59p)	速孫樹術習 속 손 수 술 습	
2회 (45p)	京計界高苦 경 계 계 고 고		17회 (60p)	勝始式神身 승 시 식 신 신	
3회 (46p)	古功公共科 고 공 공 공 과		18회 (61p)	信新失愛野 신 신 실 애 야	
4회 (47p)	果光交球區 과 광 교 구 구		19회 (62p)	夜藥弱陽洋 야 약 약 양 양	
5회 (48p)	郡近根今級 군 근 근 금 급		20회 (63p)	言業永英溫 언 업 영 영 온	
6회 (49p)	急多短堂待 급 다 단 당 대		21회 (64p)	勇用運園遠 용 용 운 원 원	
7회 (50p)	代對圖度讀 대 대 도 도 독		22회 (65p)	油由銀飮音 유 유 은 음 음	
8회 (51p)	童頭等樂路 동 두 등 락 로		23회 (66p)	意衣醫者昨 의 의 의 자 작	
9회 (52p)	綠例禮李利 록 례 례 리 리		24회 (67p)	作章在才戰 작 장 재 재 전	
10회 (53p)	理明目聞米 리 명 목 문 미		25회 (68p)	庭定題第朝 정 정 제 제 조	
11회 (54p)	美朴班反半 미 박 반 반 반		26회 (69p)	族畫注集窓 족 주 주 집 창	
12회 (55p)	發放番別病 발 방 번 별 병		27회 (70p)	淸體親太通 청 체 친 태 통	
13회 (56p)	服本部分社 복 본 부 분 사		28회 (71p)	特表風合行 특 표 풍 합 행	
14회 (57p)	死使書石席 사 사 서 석 석		29회 (72p)	幸向現形號 행 향 현 형 호	
15회 (58p)	線雪省成消 선 설 성 성 소		30회 (73p)	畫和黃會訓 화 화 황 회 훈	

*참고 : "확인"란은 선생님, 학부모님께서 체크해 주시면 됩니다.

회차 (페이지)	해당 한자	선생님 확인	회차 (페이지)	해당 한자	선생님 확인
1회 (76p)	價加可改客 가 가 가 개 객		21회 (96p)	說性洗歲束 설 성 세 세 속	
2회 (77p)	去擧健件建 거 거 건 건 건		22회 (97p)	首宿順示識 수 숙 순 시 식	
3회 (78p)	格見決結輕 격 견 결 결 경		23회 (98p)	臣實兒惡案 신 실 아 악 안	
4회 (79p)	敬競景告固 경 경 경 고 고		24회 (99p)	約養魚漁億 약 양 어 어 억	
5회 (80p)	考曲課過關 고 곡 과 과 관		25회 (100p)	熱葉屋完曜 열 엽 옥 완 요	
6회 (81p)	觀廣橋具救 관 광 교 구 구		26회 (101p)	要浴友雨牛 요 욕 우 우 우	
7회 (82p)	舊局貴規給 구 국 귀 규 급		27회 (102p)	雲雄院原願 운 웅 원 원 원	
8회 (83p)	汽期己技基 기 기 기 기 기		28회 (103p)	元位偉耳以 원 위 위 이 이	
9회 (84p)	吉念能壇團 길 념 능 단 단		29회 (104p)	因任災再材 인 임 재 재 재	
10회 (85p)	談當德都島 담 당 덕 도 도		30회 (105p)	財爭貯的赤 재 쟁 저 적 적	
11회 (86p)	到獨落朗冷 도 독 락 랑 랭		31회 (106p)	典傳展切節 전 전 전 절 절	
12회 (87p)	良量旅歷練 량 량 려 력 련		32회 (107p)	店情停操調 점 정 정 조 조	
13회 (88p)	領令勞料類 령 령 로 료 류		33회 (108p)	卒終種罪週 졸 종 종 죄 주	
14회 (89p)	流陸馬末亡 류 륙 마 말 망		34회 (109p)	州止知質着 주 지 지 질 착	
15회 (90p)	望買賣無倍 망 매 매 무 배		35회 (110p)	參唱責鐵初 참 창 책 철 초	
16회 (91p)	法變兵福奉 법 변 병 복 봉		36회 (111p)	最祝充致則 최 축 충 취 칙	
17회 (92p)	費比鼻氷寫 비 비 비 빙 사		37회 (112p)	他打卓炭宅 타 타 탁 탄 택	
18회 (93p)	査史思士仕 사 사 사 사 사		38회 (113p)	板敗品必筆 판 패 품 필 필	
19회 (94p)	産賞相商序 산 상 상 상 서		39회 (114p)	河寒害許湖 하 한 해 허 호	
20회 (95p)	選鮮船仙善 선 선 선 선 선		40회 (115p)	化患效凶黑 화 환 효 흉 흑	

*참고 : "확인"란은 선생님, 학부모님께서 체크해 주시면 됩니다.

급수한자 5급(500字) 자격증 바로따기

8급 (50字)

번호	획순 · 훈(뜻) 음(소리)	따라 쓰기 · 어휘 뜻풀이
1	日 날/해 일	日　日　日　日　日 ❶ 일과(日課): 날마다 규칙적으로 하는 일정한 일 ❷ 일출(日出): 해가 뜸
2	月 달 월	月　月　月　月　月 ❶ 정월(正月): 한 해의 첫째달 ❷ 매월(每月): 한 달 한 달, 달마다
3	火 불 화(:)	火　火　火　火　火 ❶ 화산(火山): 땅속의 마그마가 밖으로 터져 나와 된 산 ❷ 화력(火力): 불의 힘, 무기의 위력
4	水 물 수	水　水　水　水　水 ❶ 생수(生水): 끓이거나 소독하지 않은 맑은 샘물 ❷ 수심(水深): 물의 깊이
5	木 나무 목	木　木　木　木　木 ❶ 목수(木手): 나무를 다듬어 집을 짓거나 물건을 만드는 사람 ❷ 식목(植木): 나무를 심음

아이한자

번호	획순 · 훈(뜻) 음(소리)	따라 쓰기 · 어휘 뜻풀이
6	金 쇠 금/ 성(姓) 김	金　金　金　金　金 ❶ 금력(金力): 돈의 힘　❷ 금액(金額): 돈의 액수 ❸ 金(성 김) : 성(姓)으로 쓸 때는 '김'으로 읽는다. 김씨(金氏)
7	土 흙 토	土　土　土　土　土 ❶ 영토(領土): 영유하고 있는 토지 ❷ 국토(國土): 나라의 영토
8	中 가운데 중	中　中　中　中　中 ❶ 중지(中止): 일을 중도에 그만 둠 ❷ 중립(中立): 어느 쪽에도 치우치지 않고 중간에 섬
9	小 작을 소:	小　小　小　小　小 ❶ 소식(小食): 음식물을 조금만 먹는 것 ❷ 대소(大小): 큰 것과 작은 것
10	山 메/산 산	山　山　山　山　山 ❶ 산수(山水): 자연의 경치 ❷ 남산(南山): 서울 중심지에 있는 산

번호	획순 · 훈(뜻) 음(소리)	따라 쓰기 · 어휘 뜻풀이				
11	一①					
	한/하나 일	❶ 일념(一念) : 한결같은 마음 ❷ 일인(一人) : 한 사람				
12	二①					
	두 이:	❶ 이중(二重) : 두 겹 ❷ 이월(二月) : 한 해의 둘째 달				
13	三③					
	석 삼	❶ 삼국(三國) : 고구려, 백제, 신라의 세 나라 ❷ 삼복(三伏) : 초복, 중복, 말복을 통틀어 이르는 말				
14	四	四	四	四	四	四
	넉 사:	❶ 사월(四月) : 한 해의 넷째 달 ❷ 사십(四十) : 40, 마흔				
15	五	五	五	五	五	五
	다섯 오:	❶ 오장(五臟) : 간장, 심장, 비장, 폐장, 신장의 다섯 가지 내장을 말함 ❷ 오색(五色) : 여러 가지 빛깔				

번호	획순 · 훈(뜻) 음(소리)	따라 쓰기 · 어휘 뜻풀이
16	六 여섯 륙(육)	六 六 六 六 六 ❶ 십육(十六) : 열여섯, 16 ❷ 육면체(六面體) : 여섯 개의 평면으로 둘러싸인 입체
17	七 일곱 칠	七 七 七 七 七 ❶ 칠일(七日) : 한 달의 일곱째 날 ❷ 칠석(七夕) : 음력으로 칠월 초이렛날의 밤
18	八 여덟 팔	八 八 八 八 八 ❶ 팔방미인(八方美人) : 여러 방면에 재주가 있는 사람 ❷ 사방팔방(四方八方) : 모든 방향이나 방면
19	九 아홉 구	九 九 九 九 九 ❶ 구월산(九月山) : 북한의 황해도에 있는 산 945m ❷ 구사일생(九死一生) : 위험한 상황에서 거의 죽을 뻔하다가 겨우 살아남
20	十 열 십	十 十 十 十 十 ❶ 십장생(十長生) : 오래도록 살고 죽지 않는다는 열 가지 ❷ 십중팔구(十中八九) : (열 가운데 여덟이나 아홉이 그러하다는 뜻으로) 대부분, 거의 전부

번호	획순 · 훈(뜻) 음(소리)	따라 쓰기 · 어휘 뜻풀이
21	東 동녘 동	東　東　東　東　東 ❶ 동대문(東大門) : 흥인지문을 서울 동쪽의 큰 성문이란 뜻으로 일컫는 별칭 ❷ 동해(東海) : 동쪽에 있는 바다
22	西 서녘 서	西　西　西　西　西 ❶ 서산(西山) : 서쪽에 있는 산 ❷ 동서(東西) : 동쪽과 서쪽
23	南 남녘 남	南　南　南　南　南 ❶ 남향(南向) : 남쪽으로 향함 ❷ 남풍(南風) : 남쪽에서 부는 바람
24	北 북녘 북 달아날 배	北　北　北　北　北 ❶ 북상(北上) : 북쪽을 향하여 올라감 ❷ 패배(敗北) : 겨루어서 짐
25	外 바깥 외:	外　外　外　外　外 ❶ 교외(郊外) : 도시의 주변 지역 ❷ 외국인(外國人) : 다른 나라의 사람

번호	획순 · 훈(뜻) 음(소리)	따라 쓰기 · 어휘 뜻풀이
26	父 아비/아버지 부	❶ 부모(父母) : 아버지와 어머니 ❷ 조부(祖父) : 부모의 아버지(할아버지)
27	母 어미/어머니 모:	❶ 모녀(母女) : 어머니와 딸 ❷ 학부모(學父母) : 학생의 어머니와 아버지
28	兄 형/맏 형	❶ 형제(兄弟) : 형과 아우 ❷ 형부(兄夫) : 언니의 남편
29	弟 아우 제:	❶ 제자(弟子) : 스승으로부터 가르침을 받거나 받은 사람 ❷ 자제(子弟) : 남을 높여 그의 아들을 이르는 말
30	寸 마디/촌수 촌:	❶ 삼촌(三寸) : 아버지의 손아래 남자 형제 ❷ 사촌(四寸) : 아버지의 형제의 아들이나 딸

번호	획순 · 훈(뜻) 음(소리)	따라 쓰기 · 어휘 뜻풀이
31	女 계집/여자 녀(여)	女 女 女 女 女 ❶ 남녀(男女) : 남자와 여자 ❷ 부녀(父女) : 아버지와 딸
32	人 사람 인	人 人 人 人 人 ❶ 인생(人生) : 사람이 세상을 살아가는 일 ❷ 인정(人情) : 남을 동정하는 따뜻한 마음
33	長 긴/어른/ 우두머리 장 (:)	長 長 長 長 長 ❶ 장단(長短) : 길고 짧음 ❷ 교장(校長) : 학교를 대표하는 지도자이자 책임자
34	年 해 년(연)	年 年 年 年 年 ❶ 연금(年金) : 국가나 단체가 개인에게 정기적으로 지급하는 돈 ❷ 금년(今年) : 지금 지나가고 있는 해(올해)
35	門 문 문	門 門 門 門 門 ❶ 대문(大門) : 큰 문, 집의 정문 ❷ 입문(入門) : 무엇을 배우는 길에 처음 들어섬

번호	획순 · 훈(뜻) 음(소리)	따라 쓰기 · 어휘 뜻풀이
36	先 먼저/앞 선	❶ 선생(先生) : 학생을 가르치는 사람 ❷ 선약(先約) : 먼저 약속함
37	生 날/살/선비 생	❶ 생일(生日) : 세상에 태어난 날 ❷ 고생(苦生) : 어렵고 괴로운 가난한 생활
38	靑 푸를 청	❶ 청산(靑山) : 나무가 무성하여 푸른 산 ❷ 청소년(靑少年) : 청년과 소년의 총칭
39	白 흰/아뢸 백	❶ 백미(白米) : 흰쌀 ❷ 백기(白旗) : 흰 빛깔의 기 ❸ 고백(告白) : 마음속에 생각하고 있는 것이나 감추어 둔 것을 사실대로 숨김없이 말함
40	軍 군사 군	❶ 군인(軍人) : 군대에서 복무하는 사람 ❷ 국군(國軍) : 나라의 군대

번호	획순 · 훈(뜻) 음(소리)	따라 쓰기 · 어휘 뜻풀이
41	學 배울 학	學 學 學 學 學 ❶ 학생(學生) : 학교에 다니면서 공부하는 사람 ❷ 취학(就學) : 교육을 받기 위하여 학교에 들어감
42	校 학교 교:	校 校 校 校 校 ❶ 등교(登校) : 학생이 학교에 감 ❷ 하교(下校) : 공부를 끝내고 학교에서 집으로 돌아옴
43	敎 가르칠 교:	敎 敎 敎 敎 敎 ❶ 교인(敎人) : 종교를 가지고 있는 사람 ❷ 교실(敎室) : 학교에서 학습 활동이 이루어지는 방
44	室 집 실	室 室 室 室 室 ❶ 실외(室外) : 집이나 건물의 바깥 ❷ 왕실(王室) : 임금의 집안
45	萬 일만 만:	萬 萬 萬 萬 萬 ❶ 만인(萬人) : 모든 사람 ❷ 만능(萬能) : 모든 일에 다 능통하거나 모든 일을 다 할 수 있음

8급

번호	획순 · 훈(뜻) 음(소리)	따라 쓰기 · 어휘 뜻풀이
46	大 큰 대(:)	大 大 大 大 大 ❶ 대군(大軍) : 병사의 수가 많은 군대 ❷ 대소(大小) : 크고 작음
47	韓 한국/나라 한(:)	韓 韓 韓 韓 韓 ❶ 한국(韓國) : 대한민국의 약칭 ❷ 한식(韓食) : 우리나라의 음식
48	民 백성 민	民 民 民 民 民 ❶ 민가(民家) : 일반 사람들이 사는 집 ❷ 국민(國民) : 그 나라의 국적을 가지고 있는 사람
49	國 나라 국	國 國 國 國 國 ❶ 국토(國土) : 나라의 땅 ❷ 국립(國立) : 나라에서 세움
50	王 임금 왕	王 王 王 王 王 ❶ 왕자(王子) : 임금의 아들 ❷ 국왕(國王) : 나라의 임금

대한민국 대표한자
아 이 한 자
www.ihanja.com

급수한자 5급(500字)
자격증 바로따기
7급 (100字)

번호	획순 · 훈(뜻) 음(소리)	따라 쓰기 · 어휘 뜻풀이
1	天 하늘 천	天　天　天　天　天 ❶ 천하(天下) : 하늘 아래 온 세상 ❷ 천지(天地) : 하늘과 땅
2	地 따/땅 지	地　地　地　地　地 ❶ 지하(地下) : 땅속이나 땅속을 파고 만든 구조물의 공간 ❷ 외지(外地) : 자기가 사는 곳의 밖의 다른 고장
3	自 스스로 자	自　自　自　自　自 ❶ 자신(自身) : 제 몸, 자기 ❷ 자국(自國) : 자기 나라
4	然 그럴/불탈 연	然　然　然　然　然 ❶ 자연(自然) : 사람의 힘이 더해지지 아니하고 저절로 생겨난 산, 강, 바다, 식물, 동물 따위의 존재 ❷ 당연(當然) : 도리상 마땅히 해야 할 일
5	川 내 천	川　川　川　川　川 ❶ 하천(河川) : 강과 시내 ❷ 산천(山川) : 산과 내

번호	획순 · 훈(뜻) 음(소리)	따라 쓰기 · 어휘 뜻풀이
6	上 윗/위 상:	❶ 세상(世上) : 사회, 사는 동안, 한평생 ❷ 상하(上下) : 위와 아래
7	下 아래 하:	❶ 하차(下車) : 차에서 내림 ❷ 하산(下山) : 산에서 내려옴
8	出 날 출	❶ 출입(出入) : 나가고 들어감 ❷ 외출(外出) : 밖으로 나감
9	入 들 입	❶ 입국(入國) : (자기 나라나 남의) 나라에 들어감 ❷ 입산(入山) : 산에 들어감
10	內 안 내:	❶ 내면(內面) : 물건의 안쪽이나 사람의 속마음 ❷ 내용(內容) : 사물의 속내나 실속

번호	획순 · 훈(뜻) 음(소리)	따라 쓰기 · 어휘 뜻풀이
11	左 왼 좌:	左 左 左 左 左 ❶ 좌우(左右) : 왼쪽과 오른쪽 ❷ 좌측(左側) : 왼쪽
12	右 오를/오른(쪽) 우:	右 右 右 右 右 ❶ 우왕좌왕(右往左往) : 이리저리, 오락가락 ❷ 우측(右側) : 오른쪽
13	前 앞 전	前 前 前 前 前 ❶ 전후(前後) : 앞과 뒤 ❷ 생전(生前) : 살아있는 동안, 죽기 전
14	後 뒤 후:	後 後 後 後 後 ❶ 후방(後方) : 뒤쪽, 뒤쪽에 있는 곳 ❷ 생후(生後) : 태어난 뒤
15	方 모/곳 방	方 方 方 方 方 ❶ 일방(一方) : 어느 한쪽이나 어느 한편 ❷ 지방(地方) : 어느 방면의 땅, 서울 이외의 지역

번호	획순 · 훈(뜻) 음(소리)	따라 쓰기 · 어휘 뜻풀이
16	手 손/전문가 수(:)	手 手 手 手 手 ❶ 수중(手中) : 손의 안　❷ 선수(先手) : 남이 하기 전에 앞질러 하는 행동 ❸ 선수(選手) : 운동이나 기술에서 대표로 뽑힌 사람
17	足 발/채울 족	足 足 足 足 足 ❶ 부족(不足) : 필요한 양이나 기준에 미치지 못해 충분하지 아니함 ❷ 만족(滿足) : 마음에 모자람이 없어 흐뭇함
18	面 낯/얼굴/겉 면:	面 面 面 面 面 ❶ 세면(洗面) : 손이나 얼굴을 씻음 ❷ 면회(面會) : 얼굴을 대하여 만나봄
19	口 입 구(:)	口 口 口 口 口 ❶ 출구(出口) : 밖으로 나갈 수 있는 통로 ❷ 입구(入口) : 들어가는 통로
20	力 힘 력(역)	力 力 力 力 力 ❶ 국력(國力) : 한 나라가 가진 힘 ❷ 자력(自力) : 자기 혼자의 힘

번호	획순 · 훈(뜻) 음(소리)	따라 쓰기 · 어휘 뜻풀이
21	男 사내 남	男 男 男 男 男 ❶ 장남(長男) : 맏아들 ❷ 남자(男子) : 남성으로 태어난 사람
22	子 아들/접미사 자	子 子 子 子 子 ❶ 자녀(子女) : 아들과 딸 　❷ 자손(子孫) : 자식과 손자 ❸ 사군자(四君子) : 매화, 국화, 난초, 대나무
23	老 늙을 로(노):	老 老 老 老 老 ❶ 노모(老母) : 늙은 어머니 ❷ 노후(老後) : 늙어진 뒤
24	少 적을/젊을 소:	少 少 少 少 少 ❶ 소녀(少女) : 아직 완전히 성숙하지 아니한 어린 여자아이 ❷ 청소년(靑少年) : 청년과 소년
25	命 목숨 명:	命 命 命 命 命 ❶ 명중(命中) : 겨냥한 곳에 바로 맞음 ❷ 생명(生命) : 동물과 식물의, 생물로서 살아 있게 하는 힘. 목숨

번호	획순 · 훈(뜻) 음(소리)	따라 쓰기 · 어휘 뜻풀이
26	主 주인/임금 주	主 主 主 主 主 ❶ 주인(主人) : 물건의 임자. 한 집안의 책임자 ❷ 주식(主食) : 끼니 때마다 주로 먹는 음식 ❸ 군주(君主) : 세습적으로 나라를 다스리는 최고 지위에 있는 사람
27	食 밥/먹을 식	食 食 食 食 食 ❶ 식사(食事) : 음식을 먹는 일 ❷ 식수(食水) : 먹을 용도의 물
28	家 집/전문가 가	家 家 家 家 家 ❶ 가구(家口) : 집안 식구나 집안의 사람 수효 ❷ 외가(外家) : 어머니의 친정 ❸ 작가(作家) : 문학 작품, 사진, 그림, 조각 따위의 예술품을 창작하는 사람
29	事 일 사:	事 事 事 事 事 ❶ 사전(事前) : 일이 일어나기 전 ❷ 행사(行事) : 어떤 일을 시행함
30	育 기를 육	育 育 育 育 育 ❶ 육성(育成) : 길러 자라게 함 ❷ 발육(發育) : 생물체가 자라남

번호	획순 · 훈(뜻) 음(소리)	따라 쓰기 · 어휘 뜻풀이
31	正 바를 정(:)	正 正 正 正 正 ❶ 정직(正直) : 마음에 거짓이나 꾸밈이 없이 바르고 곧음 ❷ 정문(正門) : 정면의 문
32	直 곧을 직	直 直 直 直 直 ❶ 직면(直面) : 어떠한 일이나 사물을 직접 당하거나 정함 ❷ 직전(直前) : 어떤 일이 일어나기 바로 전
33	不 아닐 불/부	不 不 不 不 不 ❶ 불가(不可) : 옳지 않거나 해서는 안 되는 것 ❷ 부정(不正) : 올바르지 않거나 옳지 못함 *不(불)이 'ㄷ,ㅈ' 앞에 올 때에는 '부'로 읽는다.
34	平 평평할 평	平 平 平 平 平 ❶ 평지(平地) : 바닥이 평평한 땅 ❷ 평민(平民) : 벼슬이 없는 보통 사람
35	有 있을 유:	有 有 有 有 有 ❶ 유력(有力) : 세력이나 재산이 있음 ❷ 유죄(有罪) : 잘못이나 죄가 있음

번호	획순 · 훈(뜻) 음(소리)	따라 쓰기 · 어휘 뜻풀이
36	姓 성 성:	姓　姓　姓　姓　姓 ❶ 성명(姓名) : 성과 이름 ❷ 백성(百姓) : 일반 국민
37	名 이름 명	名　名　名　名　名 ❶ 명문(名門) : 훌륭한 집안이나 이름난 좋은 학교 ❷ 명인(名人) : 어떤 분야에서 기예가 뛰어나 유명한 사람
38	住 살 주:	住　住　住　住　住 ❶ 주소(住所) : 실질적인 생활의 근거가 되는 장소 ❷ 의식주(衣食住) : 인간 생활의 3대 요소인 옷과 음식과 집
39	所 바/곳/장소 소:	所　所　所　所　所 ❶ 명소(名所) : 훌륭하고 이름난 경치 ❷ 입소(入所) : 훈련소, 연구소 등에 들어감
40	市 저자/시장 시:	市　市　市　市　市 ❶ 시장(市場) : 물건을 사거나 파는 곳 ❷ 시민(市民) : 시에 사는 사람

번호	획순 · 훈(뜻) 음(소리)	따라 쓰기 · 어휘 뜻풀이
41	世 인간/대/세상 세:	世　世　世　世　世 ❶ 세대(世代) : 여러 대(代) ❷ 출세(出世) : 사회적으로 높은 지위에 오르거나 유명해짐
42	間 사이 간(:)	間　間　間　間　間 ❶ 간식(間食) : 끼니와 끼니 사이에 음식을 먹음 ❷ 민간(民間) : 일반 백성의 사회
43	電 번개/전기 전:	電　電　電　電　電 ❶ 전화(電話) : 전화기를 이용하여 말을 주고받음 ❷ 정전(停電) : 오던 전기가 끊어짐
44	氣 기운 기	氣　氣　氣　氣　氣 ❶ 대기(大氣) : 지구 둘레를 싸고 있는 기체. 공기 ❷ 생기(生氣) : 싱싱하고 힘찬 기운
45	車 수레 거/차	車　車　車　車　車 ❶ 차도(車道) : 차가 다니도록 마련한 길 ❷ 차비(車費) : 차를 타는 데 드는 비용　❸ 자전거(自轉車)

7급

번호	획순 · 훈(뜻) 음(소리)	따라 쓰기 · 어휘 뜻풀이
46	百 일백 백	百　百　百　百　百 ❶ 백화점(百貨店) : 여러 가지 상품을 갖춰 놓고 파는 큰 규모의 상점 ❷ 백방(百方) : 여러 가지 방법
47	千 일천 천	千　千　千　千　千 ❶ 천리(千里) : 매우 먼 거리, 백리(白里)의 열 곱절 ❷ 천고(千古) : 아주 먼 옛적
48	算 셈/셈할 산:	算　算　算　算　算 ❶ 산수(算數) : 계산하는 방법 ❷ 계산(計算) : 수를 헤아림
49	數 셈 수:	數　數　數　數　數 ❶ 수학(數學) : 수량 및 공간의 성질에 관하여 연구하는 학문 ❷ 급수(級數) : 기술 따위를 우열에 따라 매긴 등급
50	旗 기 기	旗　旗　旗　旗　旗 ❶ 기수(旗手) : 앞에 서서 기를 드는 사람 ❷ 국기(國旗) : 나라를 상징하는 기

번호	획순 · 훈(뜻) 음(소리)	따라 쓰기 · 어휘 뜻풀이
51	文 글월 문	文 文 文 文 文 ❶ 문자(文字) : 인간의 언어를 적는 데 사용하는 시각적인 기호 체계 ❷ 장문(長文) : 아주 긴 글
52	字 글자 자	字 字 字 字 字 ❶ 자전(字典) : 많은 한자를 모아 낱낱이 그 뜻을 풀어놓은 책 ❷ 정자(正字) : 서체가 바르고 또박또박 쓴 글자
53	漢 한수/한나라 한:	漢 漢 漢 漢 漢 ❶ 한시(漢詩) : 한문으로 지은 시 ❷ 한문(漢文) : 한자(漢字)만으로 쓴 글
54	語 말씀 어:	語 語 語 語 語 ❶ 어원(語源) : 어떤 말이 생겨난 근원 ❷ 국어(國語) : 한 나라의 국민이 쓰는 말
55	登 오를 등	登 登 登 登 登 ❶ 등교(登校) : 학생이 학교에 감 ❷ 등산(登山) : 산에 오름

번호	획순 · 훈(뜻) 음(소리)	따라 쓰기 · 어휘 뜻풀이
56	工 장인/일 공	工 工 工 工 工 ❶ 공부(工夫) : 학문이나 기술을 배우고 익힘 ❷ 시공(施工) : 공사를 시행함
57	夫 지아비/사내 부	夫 夫 夫 夫 夫 ❶ 부인(夫人) : 남의 아내를 높여 이르는 말 ❷ 어부(漁夫) : 물고기 잡는 일을 직업으로 하는 사람
58	問 물을 문:	問 問 問 問 問 ❶ 학문(學問) : 어떤 분야를 체계적으로 배워서 익힘 ❷ 문안(問安) : 웃어른께 안부를 여쭘
59	答 대답 답	答 答 答 答 答 ❶ 정답(正答) : 바른 답, 옳은 답 ❷ 문답(問答) : 물음과 대답
60	記 기록할/적을 기	記 記 記 記 記 ❶ 암기(暗記) : 외워 잊지 아니함 ❷ 기사(記事) : 사실을 적음

번호	획순 · 훈(뜻) 음(소리)	따라 쓰기 · 어휘 뜻풀이
61	午 낮 오:	午　午　午　午　午 ❶ 오전(午前) : 상오(上午). 밤 12시부터 낮 12시까지 ❷ 오후(午後) : 하오(下午). 낮 12시부터 밤 12시까지
62	時 때 시	時　時　時　時　時 ❶ 시간(時間) : 어떤 시각에서 어떤 시각까지의 사이 ❷ 동시(同時) : 같은 때나 시기
63	夕 저녁 석	夕　夕　夕　夕　夕 ❶ 조석(朝夕) : 아침과 저녁 ❷ 추석(秋夕) : 한가위, 중추절, 음력 8월 15일
64	來 올 래(내)(:)	來　來　來　來　來 ❶ 내일(來日) : 오늘의 바로 다음날 ❷ 내한(來韓) : (외국인이) 한국에 오는 것
65	每 매양/늘 매(:)	每　每　每　每　每 ❶ 매일(每日) : 그날그날, 하루하루마다 ❷ 매월(每月) : 한 달 한 달, 매달, 다달이

번호	획순 · 훈(뜻) 음(소리)	따라 쓰기 · 어휘 뜻풀이
66	安 편안 안	安 安 安 安 安 ❶ 평안(平安) : 편하고 걱정 없이 좋음 ❷ 안심(安心) : 모든 걱정을 떨쳐 버리고 마음을 편히 가짐
67	全 온전/모두 전	全 全 全 全 全 ❶ 전국(全國) : 한 나라의 전체, 온 나라 ❷ 전원(全員) : 소속된 인원의 전체
68	活 살 활	活 活 活 活 活 ❶ 활동(活動) : 몸을 움직여 행동함 ❷ 활용(活用) : 충분히 잘 이용함
69	動 움직일 동:	動 動 動 動 動 ❶ 부동(不動) : 움직이지 않음 ❷ 감동(感動) : 크게 느끼어 마음이 움직임
70	休 쉴 휴	休 休 休 休 休 ❶ 휴일(休日) : 일을 쉬고 노는 날 ❷ 휴학(休學) : 학업을 쉼

번호	획순 · 훈(뜻) 음(소리)	따라 쓰기 · 어휘 뜻풀이
71	便 편할 편(:) 똥오줌 변	便　便　便　便　便 ❶ 편안(便安) : 편하고 걱정 없이 좋음 ❷ 편지(便紙) : 안부, 소식, 용무 따위를 적어 보내는 글　❸ 변소(便所), 소변(小便)
72	紙 종이 지	紙　紙　紙　紙　紙 ❶ 휴지(休紙) : 못 쓰게 된 종이, 쓸모없는 종이 ❷ 표지(表紙) : 책의 맨 앞뒤의 겉장
73	孝 효도 효:	孝　孝　孝　孝　孝 ❶ 효도(孝道) : 부모를 잘 섬기는 도리 ❷ 효자(孝子) : 부모를 잘 섬기는 아들
74	道 길 도:	道　道　道　道　道 ❶ 도로(道路) : 사람이나 차가 다닐 수 있게 만든 길 ❷ 도리(道理) : 사람이 마땅히 행하여야 할 바른길
75	祖 할아비/조상 조	祖　祖　祖　祖　祖 ❶ 조상(祖上) : 한 집안이나 한 민족의 옛 어른들 ❷ 선조(先祖) : 먼 윗대의 조상

번호	획순·훈(뜻) 음(소리)	따라 쓰기 · 어휘 뜻풀이
76	江 강 강	江 江 江 江 江 ❶ 강산(江山) : 강과 산, 자연 ❷ 한강(漢江) : 우리나라 중부를 흐르는 강
77	海 바다 해:	海 海 海 海 海 ❶ 해외(海外) : 바다의 밖, 다른 나라 ❷ 해안(海岸) : 바다와 육지가 맞닿은 부분
78	心 마음/가운데 심	心 心 心 心 心 ❶ 민심(民心) : 백성의 마음 ❷ 인심(人心) : 사람의 마음 ❸ 중심(中心) : 한가운데, 복판
79	色 빛 색	色 色 色 色 色 ❶ 기색(氣色) : 마음의 작용으로 얼굴에 드러나는 빛 ❷ 오색(五色) : 다섯 가지의 빛깔.(파랑, 노랑, 빨강, 하양, 검정)
80	同 한가지 동	同 同 同 同 同 ❶ 동일(同一) : 어떤 것과 비교하여 똑같음 ❷ 동시(同時) : 같은 때나 시기

번호	획순 · 훈(뜻) 음(소리)	따라 쓰기 · 어휘 뜻풀이
81	立 설 립(입)	立　立　立　立　立 ❶ 성립(成立) : 일이나 관계 따위가 제대로 이루어짐 ❷ 자립(自立) : 남에게 예속되거나 의지하지 아니하고 스스로 섬
82	場 마당/장소/시장 장	場　場　場　場　場 ❶ 장소(場所) : 어떤 일이 이루어지거나 일어나는 곳 ❷ 농장(農場) : 농사지을 땅과 여러 시설을 갖춘 곳
83	歌 노래 가	歌　歌　歌　歌　歌 ❶ 가수(歌手) : 노래 부르는 것이 직업인 사람 ❷ 축가(祝歌) : 축하의 뜻을 담은 노래
84	話 말씀/말할 화	話　話　話　話　話 ❶ 대화(對話) : 마주 대하여 이야기를 주고받음 ❷ 화제(話題) : 이야기의 제목이나 소재
85	重 무거울 중:	重　重　重　重　重 ❶ 중대(重大) : 가볍게 여길 수 없을 만큼 매우 중요하고 큼 ❷ 가중(加重) : 더 무겁게 함, 더 무거워짐

번호	획순 · 훈(뜻) 음(소리)	따라 쓰기 · 어휘 뜻풀이
86	春 봄 춘	❶ 청춘(靑春) : (만물이 푸른 봄이라는 뜻으로) 스무 살 안팎의 젊은 나이 ❷ 춘하추동(春夏秋冬) : 봄, 여름, 가을, 겨울의 사계절
87	夏 여름 하:	❶ 하계(夏季) : 여름철 ❷ 하복(夏服) : 여름철에 입는 옷
88	秋 가을 추	❶ 추석(秋夕) : 민속 명절의 하나인, 음력 8월 15일 ❷ 추수(秋收) : 가을에 익은 곡식을 거두어들임
89	冬 겨울 동(:)	❶ 동지(冬至) : 일 년 중 낮이 가장 짧고 밤이 가장 긺 ❷ 동면(冬眠) : 겨울잠
90	空 빌/헛될 공	❶ 공간(空間) : 아무것도 없는 빈 곳 ❷ 공석(空席) : 사람이 앉지 아니하여 비어 있는 자리

번호	획순 · 훈(뜻) 음(소리)	따라 쓰기 · 어휘 뜻풀이
91	植 심을 식	植　植　植　植　植　 ❶ 식목(植木) : 나무를 심는 것 ❷ 식물(植物) : 온갖 나무와 풀의 총칭
92	物 물건/만물 물	物　物　物　物　物　 ❶ 실물(實物) : 실제로 있는 물건이나 사람 ❷ 만물(萬物) : 세상에 있는 모든 것
93	花 꽃/빛날 화	花　花　花　花　花　 ❶ 화초(花草) : 꽃이 피는 풀과 나무, 관상용의 식물 ❷ 국화(國花) : 한 나라를 상징하는 꽃
94	草 풀 초	草　草　草　草　草　 ❶ 초가(草家) : 짚이나 갈대 따위로 지붕을 인 집 ❷ 초목(草木) : 풀과 나무
95	林 수풀 림(임)	林　林　林　林　林　 ❶ 산림(山林) : 산과 숲 ❷ 밀림(密林) : 큰 나무들이 빽빽하게 들어선 깊은 숲

번호	획순 · 훈(뜻) 음(소리)	따라 쓰기 · 어휘 뜻풀이
96	農 농사 농	農 農 農 農 農 ❶ 농민(農民) : 농사짓는 일을 생업으로 삼는 사람 ❷ 농가(農家) : 농사를 본업으로 하는 사람의 집
97	村 마을/시골 촌:	村 村 村 村 村 ❶ 농촌(農村) : 주민의 대부분이 농업에 종사하는 마을이나 지역 ❷ 어촌(漁村) : 어민들이 모여 사는 바닷가 마을
98	洞 골 동: / 밝을 통:	洞 洞 洞 洞 洞 ❶ 동구(洞口) : 동네 어귀 ❷ 동굴(洞窟) : 자연적으로 생긴 깊고 넓은 큰 굴 ❸ 통찰(洞察) : 사물을 꿰뚫어 봄
99	里 마을 리(이):	里 里 里 里 里 ❶ 이장(里長) : 행정구역의 이(里)의 사무를 맡아보는 사람 ❷ 십리(十里) : 약 4km의 거리
100	邑 고을 읍	邑 邑 邑 邑 邑 ❶ 읍내(邑內) : 읍의 구역 안 ❷ 도읍(都邑) : 한 나라의 수도. 서울

대한민국 대표한자
아이한자
www.ihanja.com

급수한자 5급(500字) 자격증 바로따기

6급 (150字)

번호	획순 · 훈(뜻) 음(소리)	따라 쓰기 · 어휘 뜻풀이
1	各 각각/따로 **각**	各　各　各　各　各 ❶ 각종(各種) : 온갖 종류, 여러 종류 ❷ 각자(各自) : 각각의 사람이 따로따로
2	角 뿔/모서리 **각**	角　角　角　角　角 ❶ 각도(角度) : 각의 크기 ❷ 직각(直角) : 두 직선이 만나서 이루는 90도의 각
3	感 느낄 **감:**	感　感　感　感　感 ❶ 감상(感想) : 마음속에서 일어나는 느낌이나 생각 ❷ 체감(體感) : 몸으로 어떤 감각을 느낌
4	強 강할 **강(:)**	強　強　強　強　強 ❶ 강력(強力) : 힘이나 효력이 강한 것 ❷ 최강(最強) : 가장 강한 것
5	開 열 **개**	開　開　開　開　開 ❶ 개교(開校) : 학교를 새로 세워 처음으로 운영을 시작함 ❷ 공개(公開) : 여러 사람에게 널리 터놓음

번호	획순 · 훈(뜻) 음(소리)	따라 쓰기 · 어휘 뜻풀이
6	京	京 京 京 京 京
	서울/도읍 경	❶ 귀경(歸京) : 서울로 돌아가거나 돌아옴 ❷ 북경(北京) : 중국의 수도, 베이징
7	計	計 計 計 計 計
	셀/셈할 계:	❶ 계산(計算) : 값이나 답을 알기 위해 셈을 하는 것 ❷ 시계(時計) : 시각을 나타내거나 시간을 재는 기계
8	界	界 界 界 界 界
	지경/경계/둘레 계:	❶ 경계(境界) : 서로 다른 두 지역이 만나는 지점 ❷ 한계(限界) : 사물의 정해 놓은 범위
9	高	高 高 高 高 高
	높을 고	❶ 최고(最高) : 가장 높거나 으뜸인 것 ❷ 고수(高手) : 수가 높음, 능력이 매우 뛰어난 사람
10	苦	苦 苦 苦 苦 苦
	쓸(味覺)/괴로울 고	❶ 고통(苦痛) : 사람이나 동물이 육체적으로 아픔을 느끼는 상태 ❷ 산고(産苦) : 아이를 낳을 때에 느끼는 고통

번호	획순 · 훈(뜻) 음(소리)	따라 쓰기 · 어휘 뜻풀이
11	古 예/옛 고:	古　古　古　古　古 ❶ 고목(古木) : 말라서 죽어 버린 나무 ❷ 중고(中古) : 새것이 아닌 사용하던 물건
12	功 공(勳) 공	功　功　功　功　功 ❶ 공로(功勞) : 어떤 목적을 이루는 데에 힘쓴 노력이나 수고 ❷ 성공(成功) : 목적하는 바를 이룸
13	公 공평할 공	公　公　公　公　公 ❶ 공평(公平) : 어느 쪽으로도 치우치지 않고 고름 ❷ 공개(公開) : 여러 사람에게 널리 터놓음
14	共 한가지/함께 공:	共　共　共　共　共 ❶ 공통(共通) : 여러 곳에 두루 통용되거나 관계가 같음 ❷ 공공(公共) : 국가나 사회의 구성원에게 두루 관계되는 것
15	科 과목 과	科　科　科　科　科 ❶ 과목(科目) : 배워야 할 것들을 종류별로 나눈 부분 ❷ 과학(科學) : 일정한 방법으로 그 원리를 연구하여 체계를 세우는 학문

번호	획순 · 훈(뜻) 음(소리)	따라 쓰기 · 어휘 뜻풀이
16	果 실과/열매 과:	果　果　果　果　果 ❶ 성과(成果) : 일의 이루어진 결과 ❷ 결과(結果) : 어떤 원인에서 시작된 일의 마지막 상태
17	光 빛 광	光　光　光　光　光 ❶ 광경(光景) : 벌어진 일의 형편과 모양 ❷ 광복(光復) : 빼앗긴 주권을 도로 찾음
18	交 사귈 교	交　交　交　交　交 ❶ 교통(交通) : 사람이나 짐을 한 지역에서 다른 지역으로 이동하는 일 ❷ 교신(交信) : 통신을 주고받음
19	球 공/옥(玉) 구	球　球　球　球　球 ❶ 구기(球技) : 공을 가지고 하는 운동 경기 ❷ 지구(地球) : 사람이 살고 있는 땅덩어리
20	區 구분할/지경/구역 구	區　區　區　區　區 ❶ 구청(區廳) : 구의 행정 사무를 맡아보는 관청 ❷ 구민(區民) : 그 구에 사는 사람

번호	획순·훈(뜻) 음(소리)	따라 쓰기 · 어휘 뜻풀이
21	郡	郡 郡 郡 郡 郡
	고을 군:	❶ 군청(郡廳) : 군의 행정 사무를 맡아 보는 관청 ❷ 군수(郡守) : 군의 행정을 맡아보는 으뜸 직위에 있는 사람
22	近	近 近 近 近 近
	가까울 근:	❶ 근접(近接) : 가까이 있음. 가까이 접근함 ❷ 근해(近海) : 육지에 가까운 바다
23	根	根 根 根 根 根
	뿌리 근	❶ 근본(根本) : 사물의 생겨나는 근원이나 어떤 것의 본질 ❷ 모근(毛根) : 털이 피부에 박힌 부분
24	今	今 今 今 今 今
	이제 금	❶ 금일(今日) : 오늘, 지금 ❷ 금세기(今世紀) : 우리가 사는 지금의 세기
25	級	級 級 級 級 級
	등급/차례 급	❶ 하급생(下級生) : 학년이 낮은 학생 ❷ 급우(級友) : 같은 학급에서 함께 공부하는 친구

번호	획순·훈(뜻) 음(소리)	따라 쓰기 · 어휘 뜻풀이
26	急 급할/빠를 급	❶ 시급(時急) : 때가 절박하여 바쁨 ❷ 위급(危急) : 몹시 위태롭고 급함
27	多 많을 다	❶ 다소(多少) : 많음과 적음, 어느 정도로 ❷ 다발(多發) : 많이 발생하는 것
28	短 짧을 단(:)	❶ 단점(短點) : 잘못되고 모자라는 점 ❷ 단도(短刀) : 짧은 칼
29	堂 집 당	❶ 식당(食堂) : 요리를 팔거나 식사를 할 수 있는 집 ❷ 천당(天堂) : 하늘 위에 있다는 신의 전당
30	待 기다릴 대:	❶ 대기(待機) : 때나 기회를 기다림 ❷ 초대(招待) : 사람을 불러서 대접함

번호	획순 · 훈(뜻) 음(소리)	따라 쓰기 · 어휘 뜻풀이
31	代 대신 대:	代 代 代 代 代 ❶ 대신(代身) : 내가 할 일을 다른 사람이 하는 것 혹은 그 반대의 경우 ❷ 시대(時代) : 역사적으로 구분한 어떤 기간
32	對 대할/대답할 대:	對 對 對 對 對 ❶ 대답(對答) : 물음. 질문에 응하여 어떤 표시나 말을 하는 것 ❷ 상대(相對) : 서로 마주 대하는 것
33	圖 그림 도	圖 圖 圖 圖 圖 ❶ 도서관(圖書館) : 여러 가지 많은 책들을 모아 두고 볼 수 있게 한 장소 ❷ 지도(地圖) : 지구 표면의 상태를 일정한 비율로 줄여, 이를 약속된 기호로 평면에 나타낸 그림
34	度 법도 도(:) 헤아릴 탁	度 度 度 度 度 ❶ 법도(法度) : 생활상의 예법과 제도 ❷ 빈도(頻度) : 같은 현상이나 일이 반복되는 도수 ❸ 탁지(度地) : 토지를 측량함
35	讀 읽을 독 구절 두	讀 讀 讀 讀 讀 ❶ 독서(讀書) : 책을 그 내용과 뜻을 헤아리거나 이해하면서 읽는 것 ❷ 속독(速讀) : 글을 빨리 읽는 것 ❸ 이두(吏讀) : 우리말을 한자를 빌려 표기하던 방법의 하나

6급

번호	획순 · 훈(뜻) 음(소리)	따라 쓰기 · 어휘 뜻풀이
36	童 아이 동(:)	❶ 동화(童話) : 어린이를 위하여 동심을 바탕으로 지은 이야기 ❷ 동심(童心) : 어린아이의 마음
37	頭 머리 두	❶ 선두(先頭) : 맨 앞이나 첫머리 ❷ 어두육미(魚頭肉尾) : 물고기는 머리 쪽이 맛이 있고, 짐승 고기는 꼬리 쪽이 맛이 있다는 말
38	等 무리/등급 등:	❶ 등급(等級) : 높고 낮음이나 좋고 나쁨의 정도에 따라 나눈 구별 ❷ 등변(等邊) : 다각형에서 각 변의 길이가 같음
39	樂 즐길 락(나) 노래 악/좋아할 요	❶ 음악(音樂) : 음(音)을 높낮이, 장단, 강약으로 특성을 살린 예술 ❷ 오락(娛樂) : 쉬는 시간에 여러 가지 방법으로 기분을 즐겁게 하는 일　❸ 요산요수(樂山樂水)
40	路 길 로(노):	❶ 노선(路線) : 버스, 기차, 비행기 등이 한 곳에서 다른 곳 사이에 정해 놓고 다니는 길 ❷ 통로(通路) : 통행하는 길

51

번호	획순 · 훈(뜻) 음(소리)	따라 쓰기 · 어휘 뜻풀이
41	綠 푸를 록(녹)	綠 綠 綠 綠 綠 ❶ 녹색(綠色) : 파랑과 노랑의 중간색 ❷ 초록동색(草綠同色) : 같은 처지의 사람과 어울리는 것
42	例 법식 례(예):	例 例 例 例 例 ❶ 차례(次例) : 순서 있게 구분하여 벌여 나가는 관계 ❷ 예외(例外) : 일반적 규칙이나 정례에서 벗어나는 일
43	禮 예도/예절 례(예):	禮 禮 禮 禮 禮 ❶ 예절(禮節) : 예의에 관한 모든 절차나 질서 ❷ 예배(禮拜) : 신이나 부처와 같은 초월적 존재 앞에 경배하는 의식
44	李 오얏/성(姓) 리(이):	李 李 李 李 李 ❶ 이방원(李芳遠) : 조선 제3대 왕인 '태종'의 본명 ❷ 장삼이사(張三李四) : 신분이 특별하지 아니한 평범한 사람들
45	利 이할/이로울 리(이):	利 利 利 利 利 ❶ 이익(利益) : 물질적으로나 정신적으로 보탬이 되는 것 ❷ 유리(有利) : 이익이 있음

6급

번호	획순 · 훈(뜻) 음(소리)	따라 쓰기 · 어휘 뜻풀이
46	理	理　理　理　理　理
	다스릴 리(이):	❶ 이성(理性) : 사리를 올바르게 분별하여 그에 따라 행동할 수 있는 마음의 능력 ❷ 이치(理致) : 사물의 정당한 조리
47	明	明　明　明　明　明
	밝을 명	❶ 명랑(明朗) : 성격이나 기분이 밝고 쾌활함 ❷ 명암(明暗) : 밝음과 어두움
48	目	目　目　目　目　目
	눈 목	❶ 제목(題目) : 글, 강연, 공연 따위에 붙여진 이름 ❷ 이목구비(耳目口鼻) : 얼굴의 귀, 눈, 입, 코를 말함
49	聞	聞　聞　聞　聞　聞
	들을 문(:)	❶ 신문(新聞) : 사회 전체의 새로운 소식을 알려 주는 간행물 ❷ 견문(見聞) : 보고 듣는 것
50	米	米　米　米　米　米
	쌀 미	❶ 미음(米飮) : 쌀이나 죽으로 폭 끓여 만든 죽 ❷ 백미(白米) : 흰쌀

번호	획순 · 훈(뜻) 음(소리)	따라 쓰기 · 어휘 뜻풀이
51	美 아름다울 미(:)	美　美　美　美　美 ❶ 미녀(美女) : 아름다운 여자 ❷ 미화(美化) : 아름답게 꾸밈
52	朴 성(姓) 박	朴　朴　朴　朴　朴 ❶ 순박(淳朴) : 소박하고 순진함 ❷ 소박(素朴) : 꾸밈이나 거짓이 없고 순수함
53	班 나눌 반	班　班　班　班　班 ❶ 반장(班長) : 한 학급을 통솔하는 책임을 맡은 학생 ❷ 양반(兩班) : 고려 · 조선 시대에, 지배층을 이루던 신분
54	反 돌이킬/돌아올 반:	反　反　反　反　反 ❶ 반대(反對) : 어떤 의견에 따르지 않고 거꾸로 맞섬 ❷ 반복(反復) : 같은 일을 되풀이하는 것
55	半 반/절반(折半) 반:	半　半　半　半　半 ❶ 반년(半年) : 한 해의 반, 6개월을 말함 ❷ 반도(半島) : 삼면이 바다로 둘러싸이고 한 면은 육지에 이어진 땅

6급

번호	획순 · 훈(뜻) 음(소리)	따라 쓰기 · 어휘 뜻풀이
56	發 필/쏠/일어날 **발**	❶ 발생(發生) : 어떤 일이나 사물이 생겨남 ❷ 발전(發展) : 더 낫고 좋은 상태나 더 높은 단계로 나아감
57	放 놓을 **방**(:)	❶ 생방송(生放送) : 녹화, 녹음하지 않고 직접 하는 방송 ❷ 방류(放流) : 모아서 가두어 둔 물을 흘려보냄
58	番 차례 **번**	❶ 번호(番號) : 차례를 나타내거나 식별하기 위해 붙이는 숫자 ❷ 매번(每番) : 번번이
59	別 다를/나눌 **별**	❶ 판별(判別) : 판단하여 구별함 ❷ 차별(差別) : 차이를 두어서 구별함
60	病 병/질병 **병**:	❶ 병자(病者) : 병을 앓고 있는 사람 ❷ 간병(看病) : 아픈 사람의 곁에서 돌보고 시중을 듦

번호	획순 · 훈(뜻) 음(소리)	따라 쓰기 · 어휘 뜻풀이
61	服 옷/따를 복	服 服 服 服 服 ❶복용(服用) : 약을 먹음 ❷복종(服從) : 남의 명령이나 의사를 그대로 따라서 좇음 ❸한복(韓服) : 우리나라의 고유한 옷
62	本 근본 본	本 本 本 本 本 ❶본문(本文) : 문서에서 주가 되는 글 ❷기본(基本) : 사물이나 현상, 이론, 시설 따위를 이루는 바탕
63	部 떼/나눌/부분 부	部 部 部 部 部 ❶부장(部長) : 한 부를 거느려 다스리는 직위 ❷본부(本部) : 각종 관서나 기관 · 단체의 중심이 되는 조직
64	分 나눌 분(:)	分 分 分 分 分 ❶분명(分明) : 틀림없이, 확실하게 ❷부분(部分) : 전체를 몇 개로 나눈 것의 하나
65	社 모일 사	社 社 社 社 社 ❶사장(社長) : 회사의 대표자 ❷입사(入社) : 회사 따위에 취직하여 들어감

번호	획순 · 훈(뜻) 음(소리)	따라 쓰기 · 어휘 뜻풀이
66	死 죽을 사:	❶ 사력(死力) : 목숨을 아끼지 않고 쓰는 힘 ❷ 장생불사(長生不死) : 오래도록 살고 죽지 아니함
67	使 하여금/부릴 사:	❶ 사용(使用) : 물건을 본래의 기능에 맞게 쓰는 것 ❷ 사명(使命) : 마땅히 해야 할 일로서 맡겨진 임무
68	書 글 서	❶ 서당(書堂) : 예전에, 한문을 사사로이 가르치던 곳 ❷ 문서(文書) : 글자나 숫자 따위로 일정한 뜻을 나타낸 것
69	石 돌 석	❶ 석유(石油) : 땅속에서 천연으로, 탄화수소를 주성분으로 가연성 기름 ❷ 석빙고(石氷庫) : 얼음을 넣어 두던 창고
70	席 자리 석	❶ 석차(席次) : 성적의 차례 ❷ 좌석(座席) : 앉을 수 있게 마련된 자리

번호	획순 · 훈(뜻) 음(소리)	따라 쓰기 · 어휘 뜻풀이
71	線 줄 선	線　線　線　線　線 ❶ 광선(光線) : 빛의 줄기 ❷ 직선(直線) : 꺾이거나 굽은 데가 없는 곧은 선
72	雪 눈 설	雪　雪　雪　雪　雪 ❶ 설경(雪景) : 눈이 내리거나 눈이 쌓인 경치 ❷ 대설(大雪) : 아주 많이 오는 눈, 이십사절기의 하나
73	省 살필 성 덜 생	省　省　省　省　省 ❶ 성묘(省墓) : 조상의 산소를 찾아가서 돌보는 것 ❷ 생략(省略) : 전체에서 일부를 줄이거나 뺌
74	成 이룰 성	成　成　成　成　成 ❶ 성장(成長) : 자라서 점점 커짐 ❷ 대성(大成) : 크게 이룸
75	消 사라질 소	消　消　消　消　消 ❶ 소일(消日) : 하는 일 없이 세월을 보냄 ❷ 소비(消費) : 돈이나 물자, 사람, 노력 따위를 들이거나 써서 없앰

6급

번호	획순·훈(뜻) 음(소리)	따라 쓰기 · 어휘 뜻풀이
76	速 빠를 속	速 速 速 速 速 ❶ 속력(速力) : 속도를 이루는 힘 ❷ 고속도로(高速道路) : 자동차가 고속으로 달릴 수 있게 만든, 자동차 전용 도로
77	孫 손자 손(:)	孫 孫 孫 孫 孫 ❶ 손자(孫子) : 아들의 아들 ❷ 자자손손(子子孫孫) : 자손의 여러 대
78	樹 나무 수	樹 樹 樹 樹 樹 ❶ 식수(植樹) : 나무를 심는 것 ❷ 유실수(有實樹) : 먹을 수 있거나 유용한 열매가 열리는 나무
79	術 재주 술	術 術 術 術 術 ❶ 처세술(處世術) : 처세하는 방법과 수단 ❷ 화술(話術) : 말을 잘하는 슬기와 능력
80	習 익힐 습	習 習 習 習 習 ❶ 습득(習得) : 배워서 자기 것으로 함 ❷ 자습(自習) : 혼자의 힘으로 배워서 익힘

번호	획순 · 훈(뜻) 음(소리)	따라 쓰기 · 어휘 뜻풀이
81	勝 이길 승	勝　勝　勝　勝　勝 ❶ 승리(勝利) : (전쟁 · 경기 등에서) 겨루어서 이기는 것 ❷ 전승(全勝) : 한 번도 지지 않고 전부 이기는 것
82	始 비로소/처음 시:	始　始　始　始　始 ❶ 시작(始作) : 어떤 일이나 행동의 처음 단계를 이루거나 그렇게 하게 함 ❷ 시동(始動) : 처음으로 움직이기 시작하는 것
83	式 법 식	式　式　式　式 ❶ 식장(式場) : 식을 거행하는 장소 ❷ 의식(儀式) : 일정한 격식을 갖추어 치르는 행사나 예식
84	神 귀신 신	神　神　神　神　神 ❶ 신동(神童) : 재주와 슬기가 남달리 특출한 아이 ❷ 정신(精神) : 마음이나 생각
85	身 몸 신	身　身　身　身　身 ❶ 신분(身分) : 개인의 사회적인 위치나 계급 ❷ 심신(心身) : 마음과 몸

6급

번호	획순·훈(뜻) 음(소리)	따라 쓰기 · 어휘 뜻풀이
86	信	信 信 信 信 信
	믿을 신:	❶ 신념(信念) : 굳게 믿는 마음 ❷ 신뢰(信賴) : 굳게 믿고 의지함
87	新	新 新 新 新 新
	새 신	❶ 신입생(新入生) : 새로 입학한 학생 ❷ 신기록(新記錄) : 기존의 기록보다 뛰어난 새로운 기록
88	失	失 失 失 失 失
	잃을 실	❶ 실수(失手) : 잘못하여 그르침 ❷ 실명(失明) : 시력을 잃어 앞을 못 보게 됨
89	愛	愛 愛 愛 愛 愛
	사랑 애(:)	❶ 애완(愛玩) : 가까이 두고 다루거나 보며 즐기는 것 ❷ 애국(愛國) : 나라를 사랑하는 마음
90	野	野 野 野 野 野
	들(坪) 야:	❶ 야외(野外) : 시가지에서 조금 멀리 떨어져 있는 들판 ❷ 야생(野生) : 산이나 들에서 저절로 나서 자라는 것

번호	획순 · 훈(뜻) 음(소리)	따라 쓰기 · 어휘 뜻풀이
91	夜⑧ 밤 야:	夜 夜 夜 夜 夜 ❶ 야식(夜食) : 저녁밥을 먹은 뒤에 밤늦게 또 먹는 밥 ❷ 야간(夜間) : 밤 동안
92	藥⑲ 약 약	藥 藥 藥 藥 藥 ❶ 약사(藥師) : 국가의 면허를 받아 약사에 관한 일을 맡아보는 사람 ❷ 투약(投藥) : 약을 지어 주거나 씀
93	弱 약할 약	弱 弱 弱 弱 弱 ❶ 약점(弱點) : 모자라서 남에게 뒤떨어지거나 떳떳하지 못한 점 ❷ 약소국(弱小國) : 힘이 약하고 작은 나라
94	陽⑫ 볕 양	陽 陽 陽 陽 陽 ❶ 양지(陽地) : 볕이 바로 드는 곳 ❷ 석양(夕陽) : 저녁때의 햇빛
95	洋⑨ 큰바다 양	洋 洋 洋 洋 洋 ❶ 양궁(洋弓) : 서양식으로 만든 활 ❷ 양복(洋服) : 서양식으로 만든 옷

번호	획순 · 훈(뜻) 음(소리)	따라 쓰기 · 어휘 뜻풀이
96	言 말씀 언	❶ 언행(言行) : 말과 행동 ❷ 언약(言約) : 말로 약속을 하는 것
97	業 업/일 업	❶ 영업(營業) : 영리를 목적으로 하는 사업 ❷ 업종(業種) : 직업이나 영업의 종류
98	永 길 영:	❶ 영원(永遠) : 어떤 상태가 끝없이 이어짐 ❷ 영주권(永住權) : 일정한 자격을 갖춘 외국인에게 주는, 그 나라에서 영주할 수 있는 권리
99	英 꽃부리/뛰어날 영	❶ 영문(英文) : 영어로 쓴 글 ❷ 영재(英才) : 뛰어난 재주
100	溫 따뜻할 온	❶ 온천(溫泉) : 땅속에서 따뜻한 물이 나오는 곳 ❷ 기온(氣溫) : 대기의 온도

번호	획순 · 훈(뜻) 음(소리)	따라 쓰기 · 어휘 뜻풀이
101	勇 날랠/용감할 용:	勇　勇　勇　勇　勇 ❶ 용사(勇士) : 용맹스러운 사람 ❷ 용기(勇氣) : 씩씩하고 굳센 기운
102	用 쓸 용:	用　用　用　用　用 ❶ 용무(用務) : 볼일. 해야 할 일 ❷ 이용(利用) : 대상을 필요에 따라 이롭게 씀
103	運 옮길/움직일 운:	運　運　運　運　運 ❶ 운동(運動) : 사람이 몸을 단련하거나 건강을 위하여 몸을 움직이는 일 ❷ 운전(運轉) : 기계나 자동차 따위를 움직여 부림
104	園 동산 원	園　園　園　園　園 ❶ 정원(庭園) : 집 안에 뜰이나 꽃밭 ❷ 동물원(動物園) : 각지의 동물을 관람할 수 있도록 일정한 시설을 갖추어 놓은 곳
105	遠 멀 원:	遠　遠　遠　遠　遠 ❶ 원양(遠洋) : 육지에서 멀리 떨어진 넓은 바다 ❷ 원근(遠近) : 멀고 가까움

번호	획순·훈(뜻) 음(소리)	따라 쓰기 · 어휘 뜻풀이
106	油 ⑧	油 油 油 油 油
	기름 유	❶ 유가(油價) : 석유의 판매 가격 ❷ 산유(産油) : 땅에서 나오는 원유(原油)를 생산하는 것
107	由 ⑤	由 由 由 由 由
	말미암을/행할 유	❶ 자유(自由) : 무엇에 얽매이지 않고 자기 마음대로 할 수 있는 상태 ❷ 이유(理由) : 어떠한 결론이나 결과에 이른 까닭이나 근거
108	銀 ⑭	銀 銀 銀 銀 銀
	은 은	❶ 은행(銀行) : 돈을 맡기거나 찾을 수 있는 금융기관 ❷ 금은(金銀) : 금과 은
109	飮 ⑬	飮 飮 飮 飮 飮
	마실 음(:)	❶ 음식(飮食) : 사람이 먹을 수 있도록 만든, 밥이나 국 따위의 물건 ❷ 음료(飮料) : 사람이 마실 수 있도록 만든 액체
110	音 ⑨	音 音 音 音 音
	소리 음	❶ 복음(福音) : 기쁜 소식 ❷ 발음(發音) : 말의 소리를 냄 ❸ 잡음(雜音) : 시끄러운 여러 가지 소리

번호	획순 · 훈(뜻) 음(소리)	따라 쓰기 · 어휘 뜻풀이
111	意 뜻/생각 의:	意　意　意　意　意 ❶ 의외(意外) : 전혀 생각이나 예상을 하지 못함 ❷ 의향(意向) : 마음이 향하는 바
112	衣 옷 의	衣　衣　衣　衣　衣 ❶ 의식주(衣食住) : 인간 생활의 3대 요소인 옷과 음식과 집 ❷ 백의(白衣) : 흰옷
113	醫 의원 의	醫　醫　醫　醫　醫 ❶ 의원(醫院) : 병자를 치료하기 위하여 특별한 시설을 한 집 ❷ 의사(醫師) : 일정한 자격을 가지고 병을 고치는 것을 직업으로 하는 사람
114	者 놈/사람 자	者　者　者　者　者 ❶ 부자(富者) : 재물이 많아 살림이 넉넉한 사람 ❷ 과학자(科學者) : 과학을 전문으로 연구하는 사람
115	昨 어제 작	昨　昨　昨　昨　昨 ❶ 작금(昨今) : 어제와 오늘 ❷ 작년(昨年) : 지난해

번호	획순 · 훈(뜻) 음(소리)	따라 쓰기 · 어휘 뜻풀이
116	作 지을 작	❶ 작곡(作曲) : 음악 작품을 창작하는 일 ❷ 합작(合作) : 힘을 합하여 만듦
117	章 글 장	❶ 문장(文章) : 생각 · 느낌 · 사상 등을 글로 표현한 것 ❷ 인장(印章) : 도장
118	在 있을 재:	❶ 재학(在學) : 학교에 다니는 중임 ❷ 현재(現在) : 지금 이 시점에
119	才 재주 재	❶ 재능(才能) : 어떤 일을 잘할 수 있는 재주와 능력 ❷ 천재(天才) : 선천적으로 타고난 뛰어난 재주
120	戰 싸움 전:	❶ 전과(戰果) : 전투에서 올린 성과 ❷ 도전자(挑戰者) : 정면으로 맞서 싸움을 거는 사람

번호	획순 · 훈(뜻) 음(소리)	따라 쓰기 · 어휘 뜻풀이
121	庭 뜻 정	庭　庭　庭　庭　庭 ❶ 친정(親庭) : 결혼한 여자의 부모 형제 등이 살고 있는 집 ❷ 가정(家庭) : 한 가족이 생활하는 집
122	定 정할 정:	定　定　定　定　定 ❶ 정원(定員) : 일정한 규정에 의하여 정한 인원 ❷ 고정(固定) : 한 곳에 움직이지 않게 붙박는 것
123	題 제목 제	題　題　題　題　題 ❶ 주제(主題) : 대화나 연구 따위에서 중심이 되는 문제 ❷ 출제(出題) : 문제를 내는 것
124	第 차례 제:	第　第　第　第　第 ❶ 제일(第一) : 첫째 ❷ 낙제(落第) : 시험이나 검사 따위에 떨어짐
125	朝 아침 조	朝　朝　朝　朝　朝 ❶ 조간(朝刊) : 날마다 아침에 발행하는 신문 ❷ 조석(朝夕) : 아침과 저녁

번호	획순·훈(뜻) 음(소리)	따라 쓰기 · 어휘 뜻풀이
126	族 겨레/친족 족	族　族　族　族　族 ❶ 가족(家族) : 부부를 기초로 하여 한 가정을 이루는 사람들 ❷ 족보(族譜) : 한 가문의 계통과 혈통 관계를 적어 기록한 책
127	晝 낮 주	晝　晝　晝　晝　晝 ❶ 주간(晝間) : 낮 동안 ❷ 주경야독(晝耕夜讀) : 낮에는 농사짓고, 밤에는 글을 읽는다는 뜻
128	注 부을/물댈 주:	注　注　注　注　注 ❶ 주사(注射) : 몸에 약을 바늘로 찔러 넣음 ❷ 주유소(注油所) : 자동차 따위에 기름을 넣은 곳
129	集 모을 집	集　集　集　集　集 ❶ 집중(集中) : 한 가지 일에 모든 힘을 쏟아부음 ❷ 시집(詩集) : 여러 편의 시를 모아서 엮은 책
130	窓 창 창	窓　窓　窓　窓　窓 ❶ 창구(窓口) : 창을 내거나 뚫어 놓은 곳 ❷ 동창(同窓) : 같은 학교에서 공부를 한 사이

번호	획순 · 훈(뜻) 음(소리)	따라 쓰기 · 어휘 뜻풀이
131	清 맑을 청	清　清　清　清　清 ❶ 청결(淸潔) : 맑고 깨끗함 ❷ 청빈(淸貧) : 청백하여 가난함
132	體 몸 체	體　體　體　體　體 ❶ 체력(體力) : 몸의 힘　❷ 신체(身體) : 사람의 몸 ❸ 체감(體感) : 몸으로 어떤 감각을 느낌
133	親 친할 친	親　親　親　親　親 ❶ 친근(親近) : 친하고 가까움 ❷ 친구(親舊) : 가깝게 오래 사귄 사람
134	太 클/처음 태	太　太　太　太　太 ❶ 태초(太初) : 하늘과 땅이 생겨난 맨 처음 ❷ 태고(太古) : 아주 오랜 옛날
135	通 통할 통	通　通　通　通　通 ❶ 통로(通路) : 통하여 지나가거나 옴 ❷ 통지(通知) : 기별하여 알림

6급

번호	획순 · 훈(뜻) 음(소리)	따라 쓰기 · 어휘 뜻풀이
136	特 특별할 특	特　特　特　特　特 ❶ 특출(特出) : 특별히 뛰어남 ❷ 특급(特急) : 특별한 계급이나 등급
137	表 겉/거죽/나타낼 표	表　表　表　表　表 ❶ 표시(表示) 겉으로 드러내 보임 ❷ 발표(發表) : 널리 드러내어 세상에 알림
138	風 바람 풍	風　風　風　風　風 ❶ 풍습(風習) : 풍속과 습관 ❷ 강풍(強風) : 세게 부는 바람
139	合 합할 합	合　合　合　合　合 ❶ 합계(合計) : 한데 합하여 계산함 ❷ 화합(和合) : 화목하게 어울림
140	行 다닐/행할/갈 행 항렬 항	行　行　行　行　行 ❶ 행동(行動) : 몸을 움직여 동작함　❷ 발행(發行) : 출판물이나 인쇄물을 찍어서 세상에 펴냄 ❸ 항렬(行列) : 같은 혈족 사이에서의 대수 관계

번호	획순 · 훈(뜻) 음(소리)	따라 쓰기 · 어휘 뜻풀이
141	幸 ⑧ 다행/행복 행:	幸　幸　幸　幸　幸 ❶ 행운(幸運) : 좋은 운수 ❷ 다행(多幸) : 뜻밖에 일이 잘되어 운이 좋음
142	向 ⑥ 향할 향:	向　向　向　向　向 ❶ 향상(向上) : 위나 앞을 향해 발전함 ❷ 방향(方向) : 향하거나 나아가는 쪽
143	現 ⑪ 나타날 현:	現　現　現　現　現 ❶ 현대(現代) : 지금의 시대 ❷ 표현(表現) : 드러내어 나타냄
144	形 ⑦ 모양/형상 형	形　形　形　形　形 ❶ 형성(形成) : 어떤 형상을 이룸 ❷ 외형(外形) : 겉으로 드러난 형상
145	號 ⑬ 이름/부르짖을 호(:)	號　號　號　號　號 ❶ 번호(番號) : 차례를 나타내거나 식별하기 위해 붙이는 숫자 ❷ 칭호(稱號) : 어떠한 뜻으로 일컫는 이름

6급

번호	획순·훈(뜻) 음(소리)	따라 쓰기 · 어휘 뜻풀이
146	畫 그림 화: 그을 획(劃)	畫 畫 畫 畫 畫 ① 화가(畫家) : 그림 그리는 것을 직업으로 하는 사람 ② 벽화(壁畫) : 건물이나 동굴, 무덤 따위의 벽에 그린 그림
147	和 화할/화목할 화	和 和 和 和 和 ① 화해(和解) : 다툼질을 서로 그치고 풂 ② 조화(調和) : 서로 잘 어울림
148	黃 누를 황	黃 黃 黃 黃 黃 ① 황토(黃土) : 누렇고 거무스름한 흙 ② 황금(黃金) : 누런빛의 금
149	會 모일 회:	會 會 會 會 會 ① 면회(面會) : 얼굴을 맞대고 만나봄 ② 대회(大會) : 큰 모임이나 회의
150	訓 가르칠 훈:	訓 訓 訓 訓 訓 ① 훈련(訓鍊) : 가르쳐서 익히게 함 ※ 訓鍊=訓練 ② 가훈(家訓) : 한집안의 조상이나 어른이 자손들에게 일러 주는 가르침

대한민국 대표한자
아 이 한 자
www.ihanja.com

급수한자 5급(500字)
자격증 바로따기
5급 (200字)

번호	획순 · 훈(뜻) 음(소리)	따라 쓰기 · 어휘 뜻풀이
1	價 값 가	價　價　價　價　價 ❶ 물가(物價) : 물건의 값　❷ 정가(定價) : 정해진 값 ❸ 가격(價格) : 물건이 지니고 있는 가치를 돈으로 나타낸 것
2	加 더할/가할 가	加　加　加　加　加 ❶ 가입(加入) : 조직이나 단체 따위에 들어가거나, 서비스를 제공하는 상품 따위를 신청함 ❷ 가산(加算) : 더하여 셈함
3	可 옳을 가:	可　可　可　可　可 ❶ 가능(可能) : 할 수 있거나 될 수 있음 ❷ 불가(不可) : 옳지 않거나 가능하지 않음
4	改 고칠 개(:)	改　改　改　改　改 ❶ 개명(改名) : 이름을 고침 ❷ 개혁(改革) : 제도나 기구 따위를 새롭게 뜯어고침
5	客 손/나그네 객	客　客　客　客　客 ❶ 객석(客席) : 손님이 앉는 자리 ❷ 객지(客地) : 자기 집을 멀리 떠나 있는 곳

번호	획순 · 훈(뜻) 음(소리)	따라 쓰기 · 어휘 뜻풀이
6	去 갈 거:	❶ 거래(去來) : 물건을 주고받거나 사고팖 ❷ 제거(除去) : 없애 버림
7	擧 들/행할 거:	❶ 거수(擧手) : 손을 위로 들어올림 ❷ 과거(科擧) : 옛날 문무관을 뽑을 때에 보던 시험
8	健 굳셀 건:	❶ 건전(健全) : 건강하고 온전함 ❷ 건강(健康) : 정신적으로나 육체적으로 아무 탈이 없고 튼튼함
9	件 물건/조건/사건 건	❶ 건수(件數) : 사물이나 사건의 가짓수 ❷ 사건(事件) : 뜻밖에 일어난 사고
10	建 세울 건:	❶ 건국(建國) : 나라를 세움 ❷ 중건(重建) : 건물, 설비, 시설 따위를 새로 만들어 세움

번호	획순 · 훈(뜻) 음(소리)	따라 쓰기 · 어휘 뜻풀이
11	格 격식 격	格　格　格　格　格 ❶ 자격(資格) : 일정한 신분이나 지위 ❷ 합격(合格) : 시험이나 조건에 맞아서 뽑힘
12	見 볼 견: 뵈올 현:	見　見　見　見　見 ❶ 의견(意見) : 어떤 대상에 대하여 가지는 생각　❷ 발견(發見) : 미처 찾아내지 못하였거나 알려지지 아니한 것을 찾아냄　❸ 알현(謁見) : 지체가 높고 귀한 사람을 찾아가 뵙는 일
13	決 결단할/결정할 결	決　決　決　決　決 ❶ 결심(決心) : 할 일에 대하여 어떻게 하기로 마음을 굳게 정함 ❷ 결정(決定) : 행동이나 태도를 분명하게 정함
14	結 맺을 결	結　結　結　結　結 ❶ 결과(結果) : 어떤 원인으로 결말이 생김 ❷ 연결(連結) : 서로 이어 맺음
15	輕 가벼울 경	輕　輕　輕　輕　輕 ❶ 경차(輕車) : 작고 가벼운 차 ❷ 경중(輕重) : 가벼움과 무거움

5급

번호	획순 · 훈(뜻) 음(소리)	따라 쓰기 · 어휘 뜻풀이
16	敬 공경 경:	❶ 경로(敬老) : 노인을 공경함 ❷ 경의(敬意) : 공경하는 마음
17	競 다툴 경:	❶ 경합(競合) : 서로 맞서 겨룸 ❷ 경기(競技) : 일정한 규칙 아래 기량과 기술을 겨룸
18	景 볕/경치 경(:)	❶ 설경(雪景) : 눈이 내리거나 눈이 쌓인 경치 ❷ 야경(夜景) : 밤의 경치
19	告 고할/알릴 고:	❶ 예고(豫告) : 미리 알림 ❷ 공고(公告) : 세상 널리 알림
20	固 굳을 고(:)	❶ 고유(固有) : 본래부터 가지고 있는 특유한 것 ❷ 고체(固體) : 일정한 모양과 부피를 가진 물체.(나무, 돌, 쇠, 얼음 따위 등)

번호	획순 · 훈(뜻) 음(소리)	따라 쓰기 · 어휘 뜻풀이
21	考 생각할/살필 고(:)	考　考　考　考　考 ❶ 참고(參考) : 살펴서 생각함 ❷ 장고(長考) : 오랫동안 깊이 생각함
22	曲 굽을/가사 곡	曲　曲　曲　曲　曲 ❶ 곡선(曲線) : 구부러진 선 ❷ 가곡(歌曲) : 우리나라 전통 성악곡의 하나
23	課 공부할/과정/부과할 과	課　課　課　課　課 ❶ 과외(課外) : 정해진 과정 이외에 하는 공부 ❷ 일과(日課) : 날마다 규칙적으로 하는 일정한 일
24	過 지날/경과/허물 과:	過　過　過　過　過 ❶ 사과(謝過) : 자기의 잘못을 인정하고 용서를 빎 ❷ 통과(通過) : 통하여 지나가거나 옴
25	關 관계할/빗장 관	關　關　關　關　關 ❶ 관심(關心) : 마음이 끌려 주의를 기울임 ❷ 관계(關係) : 둘 이상이 서로 걸림

5급

번호	획순 · 훈(뜻) 음(소리)	따라 쓰기 · 어휘 뜻풀이
26	觀 볼 관	❶ 관광(觀光) : 다른 지방이나 다른 나라에 가서 그곳의 풍경, 풍습, 문물 따위를 구경함 ❷ 미관(美觀) : 아름답고 훌륭한 풍경
27	廣 넓을 광:	❶ 광장(廣場) : 넓은 마당 ❷ 광고(廣告) : 세상에 널리 알림
28	橋 다리 교	❶ 가교(架橋) : 다리를 놓음 ❷ 철교(鐵橋) : 철을 주재료로 하여 놓은 다리
29	具 갖출 구(:)	❶ 구현(具現) : 구체적으로 나타냄 ❷ 가구(家具) : 집안 살림에 쓰는 기구
30	救 구원할 구:	❶ 구국(救國) : 위태로운 나라를 구함 ❷ 구출(救出) : 위험한 상태에서 구하여 냄

번호	획순 · 훈(뜻) 음(소리)	따라 쓰기 · 어휘 뜻풀이
31	舊 예/옛 구:	舊　舊　舊　舊　舊 ❶ 구식(舊式) : 예전의 방식이나 형식 ❷ 친구(親舊) : 가깝게 오래 사귄 사람
32	局 판(形局) 국	局　局　局　局　局 ❶ 형국(形局) : 어떤 일이 벌어진 형편이나 국면 ❷ 시국(時局) : 현재 당면한 국내 및 국제 정세나 대세
33	貴 귀할 귀:	貴　貴　貴　貴　貴 ❶ 귀중(貴重) : 귀하고 소중함 ❷ 고귀(高貴) : 훌륭하고 귀중함
34	規 법 규	規　規　規　規　規 ❶ 규정(規定) : 규칙으로 정함 ❷ 규격(規格) : 일정한 규정에 들어맞는 격식
35	給 줄 급	給　給　給　給　給 ❶ 급식(給食) : 식사를 제공함 ❷ 발급(發給) : 증명서 따위를 발행하여 줌

번호	획순 · 훈(뜻) 음(소리)	따라 쓰기 · 어휘 뜻풀이
36	汽 물 끓는 김 기	① 기차(汽車) : 여객차나 화차를 끌고 다니는 철도 차량 ② 기선(汽船) : 증기 기관의 동력으로 움직이는 배
37	期 기약할 기	① 기간(期間) : 어느 일정한 시기부터 다른 어느 일정한 시기까지의 사이 ② 납기(納期) : 세금이나 공과금 따위를 내는 시기나 기한
38	己 몸/자기 기	① 자기(自己) : 제 몸이나 제 자신 ② 이기(利己) : 자기 자신의 이익만을 꾀함
39	技 재주 기	① 기술(技術) : 만들거나 짓거나 하는 재주 ② 특기(特技) : 남이 가지지 못한 특별한 기술이나 기능
40	基 터/기초/근본 기	① 기준(基準) : 사물의 기본이 되는 표준 ② 기금(基金) : 어떤 목적이나 사업, 행사 따위에 쓸 기본적인 자금

5급

번호	획순 · 훈(뜻) 음(소리)	따라 쓰기 · 어휘 뜻풀이
41	吉 길할 길	吉　吉　吉　吉　吉 ❶ 길흉(吉凶) : 좋은 일과 언짢은 일 ❷ 입춘대길(立春大吉) : 입춘을 맞이하여 길운을 기원하는 글
42	念 생각 념(염):	念　念　念　念　念 ❶ 이념(理念) : 이상적인 것으로 여겨지는 생각이나 견해 ❷ 염려(念慮) : 앞일에 대하여 여러 가지로 마음을 써서 걱정함
43	能 능할 능	能　能　能　能　能 ❶ 능력(能力) : 일을 감당해 낼 수 있는 힘 ❷ 재능(才能) : 재주와 능력
44	壇 단/제단(祭壇) 단	壇　壇　壇　壇　壇 ❶ 단상(壇上) : 교단이나 강단 등의 단 위 ❷ 문단(文壇) : 문인들의 사회
45	團 둥글/모일 단	團　團　團　團　團 ❶ 단결(團結) : 많은 사람이 한데 뭉침 ❷ 입단(入團) : 어떤 단체에 가입 함

5급

번호	획순·훈(뜻) 음(소리)	따라 쓰기 · 어휘 뜻풀이
46	談 말씀 담	❶ 미담(美談) : 사람을 감동시킬 만큼 아름다운 내용을 가진 이야기 ❷ 회담(會談) : 모여서 이야기함
47	當 마땅 당	❶ 당면(當面) : 일이 바로 눈앞에 닥침 ❷ 당연(當然) : 마땅히 해야 할 일
48	德 큰/덕 덕	❶ 덕담(德談) : 남이 잘되기를 비는 말 ❷ 도덕(道德) : 사람으로서 지켜야 할 도리
49	都 도읍/도시 도	❶ 도시(都市) : 일정한 지역의 정치·경제·문화의 중심이 되는, 사람이 많이 사는 지역 ❷ 고도(古都) : 옛 도읍/도시
50	島 섬 도	❶ 도민(島民) : 섬에 사는 사람 ❷ 반도(半島) : 삼면이 바다로 둘러싸이고 한 면은 육지에 이어진 땅

번호	획순 · 훈(뜻) 음(소리)	따라 쓰기 · 어휘 뜻풀이
51	到 이를 도:	到　到　到　到　到 ❶ 도래(到來) : 어떤 시기나 기회가 닥쳐옴 ❷ 당도(當到) : 어떤 곳에 다다름
52	獨 홀로 독	獨　獨　獨　獨　獨 ❶ 독자(獨子) : 외아들 ❷ 독신(獨身) : 형제자매가 없는 사람이나 배우자가 없는 사람
53	落 떨어질 락(낙)	落　落　落　落　落 ❶ 하락(下落) : 값이나 등급 따위가 떨어짐 ❷ 탈락(脫落) : 범위에 들지 못하고 떨어지거나 빠짐
54	朗 밝을 랑(낭):	朗　朗　朗　朗　朗 ❶ 낭독(朗讀) : 글을 소리 내어 읽음 ❷ 명랑(明朗) : 흐린 데 없이 밝고 환함
55	冷 찰 랭(냉):	冷　冷　冷　冷　冷 ❶ 냉수(冷水) : 차가운 물　❷ 냉기(冷氣) : 찬 기운 ❸ 냉장고(冷藏庫) : 식품 따위를 저온에서 저장하는 상자 모양의 장치

5급

번호	획순 · 훈(뜻) 음(소리)	따라 쓰기 · 어휘 뜻풀이
56	良 어질/좋을 량(양)	良　良　良　良　良 ❶ 양호(良好) : 대단히 좋음 ❷ 개량(改良) : 나쁜 점을 고쳐 좋게 함
57	量 헤아릴 량(양)	量　量　量　量　量 ❶ 역량(力量) : 어떤 일을 해낼 수 있는 힘 ❷ 용량(容量) : 가구나 그릇 같은 데 들어갈 수 있는 분량
58	旅 나그네 려(여)	旅　旅　旅　旅　旅 ❶ 여행(旅行) : 일이나 유람을 목적으로 다른 고장이나 외국에 가는 일 ❷ 여권(旅券) : 외국을 여행하는 사람의 신분이나 국적을 증명하고 상대국에 그 보호를 의뢰하는 문서
59	歷 지날 력(역)	歷　歷　歷　歷　歷 ❶ 역대(歷代) : 대대로 이어 내려온 여러 대 ❷ 학력(學歷) : 학교를 다닌 경력
60	練 익힐 련(연) :	練　練　練　練　練 ❶ 훈련(訓練) : 일정한 목표나 기준에 도달할 수 있도록 만드는 실제적 교육 활동 ❷ 연습(練習) : 학문이나 기예 따위를 익숙하도록 되풀이하여 익힘

번호	획순 · 훈(뜻) 음(소리)	따라 쓰기 · 어휘 뜻풀이
61	領 거느릴 령(영)	領　領　領　領　領 ❶ 영토(領土) : 한 나라의 통치권이 미치는 지역 ❷ 점령(占領) : 일정한 장소를 차지함
62	令 하여금/명령할 령(영) (:)	令　令　令　令　令 ❶ 발령(發令) : 명령을 내림 ❷ 명령(命令) : 윗사람이 아랫사람에게 무엇을 하도록 시킴
63	勞 일할 로(노)	勞　勞　勞　勞　勞 ❶ 노동(勞動) : 몸을 움직여 일을 함 ❷ 과로(過勞) : 몸이 고달플 정도로 지나치게 일함
64	料 헤아릴/재료 료(요) (:)	料　料　料　料　料 ❶ 요금(料金) : 사용하는 대가로 치르는 돈 ❷ 무료(無料) : 값이나 요금이 필요 없음
65	類 무리 류(유) (:)	類　類　類　類　類 ❶ 유류(油類) : 기름 종류 ❷ 의류(衣類) : 옷 종류

5급

번호	획순 · 훈(뜻) 음(소리)	따라 쓰기 · 어휘 뜻풀이
66	流 흐를 류(유)	流 流 流 流 流 ❶ 유실(流失) : 떠내려가서 없어짐 ❷ 급류(急流) : 물이 빠른 속도로 흐름
67	陸 뭍/땅 륙(육)	陸 陸 陸 陸 陸 ❶ 육지(陸地) : 물이 덮이지 않은 지구 표면 ❷ 내륙(內陸) : 바다에서 멀리 떨어져 있는 육지
68	馬 말 마:	馬 馬 馬 馬 馬 ❶ 경마(競馬) : 말을 타고 달리는 경기 ❷ 출마(出馬) : 선거에 입후보함
69	末 끝 말	末 末 末 末 末 ❶ 말기(末期) : 정해진 기간이나 일의 끝이 되는 때나 시기 ❷ 연말(年末) : 한 해의 마지막 무렵
70	亡 망할 망	亡 亡 亡 亡 亡 ❶ 도망(逃亡) : 피하거나 쫓기어 달아남 ❷ 사망(死亡) : 사람이 죽음

번호	획순 · 훈(뜻) 음(소리)	따라 쓰기 · 어휘 뜻풀이
71	望 바랄 망:	望　望　望　望　望 ❶ 희망(希望) : 어떤 일을 이루거나 하기를 바람 ❷ 관망(觀望) : 어떤 일이 되어 가는 형편을 바라봄
72	買 살 매:	買　買　買　買　買 ❶ 매수(買收) : 물건을 사들임 ❷ 불매(不買) : 사지 아니함
73	賣 팔 매(:)	賣　賣　賣　賣　賣 ❶ 매장(賣場) : 물건을 파는 곳 ❷ 매매(賣買) : 물건을 팔고 사는 일
74	無 없을(无) 무	無　無　無　無　無 ❶ 무료(無料) : 요금이 없음 ❷ 전무(全無) : 전혀 없음
75	倍 곱 배(:)	倍　倍　倍　倍　倍 ❶ 배수(倍數) : 어떤 수의 갑절이 되는 수 ❷ 배가(倍加) : 갑절로 늘거나 늘림

번호	획순 · 훈(뜻) 음(소리)	따라 쓰기 · 어휘 뜻풀이
76	法 ⑧	法 法 法 法 法
	법 법	❶ 법령(法令) : 법률과 명령 ❷ 법률(法律) : 국민이 지켜야 할 나라의 규율
77	變 ㉓	變 變 變 變 變
	변할 변:	❶ 변경(變更) : 다르게 바꾸어 새롭게 고침 ❷ 급변(急變) : 갑자기 달라짐
78	兵 ⑦	兵 兵 兵 兵 兵
	병사/군사 병	❶ 병력(兵力) : 군대의 힘 ❷ 신병(新兵) : 새로 입대한 병사
79	福 ⑭	福 福 福 福 福
	복 복	❶ 복리(福利) : 행복과 이익 ❷ 행복(幸福) : 생활에서 충분한 만족과 기쁨을 느끼어 흐뭇함
80	奉 ⑧	奉 奉 奉 奉 奉
	받들 봉:	❶ 봉사(奉仕) : 남을 위하여 일함 ❷ 신봉(信奉) : 믿고 받듦

번호	획순 · 훈(뜻) 음(소리)	따라 쓰기 · 어휘 뜻풀이
81	費 쓸 비:	費　費　費　費　費 ❶ 비용(費用) : 물건을 사거나 어떤 일을 하는 데 드는 돈 ❷ 경비(經費) : 사업을 경영하거나 운영하는 데 필요한 비용
82	比 견줄/비교할 비:	比　比　比　比　比 ❶ 비중(比重) : 다른 것과 비교할 때 차지하는 중요도 ❷ 대비(對比) : 서로 맞대어 비교함
83	鼻 코 비:	鼻　鼻　鼻　鼻　鼻 ❶ 비음(鼻音) : 코가 막힌 듯이 내는 소리 ❷ 비염(鼻炎) : 코안 점막에 생기는 염증
84	氷 얼음 빙	氷　氷　氷　氷　氷 ❶ 해빙(解氷) : 얼음이 녹아 풀림 ❷ 빙상(氷上) : 얼음판의 위
85	寫 베낄 사	寫　寫　寫　寫　寫 ❶ 사본(寫本) : 원본을 그대로 베낌 ❷ 사생(寫生) : 실물이나 경치를 있는 그대로 그리는 일

번호	획순 · 훈(뜻) 음(소리)	따라 쓰기 · 어휘 뜻풀이
86	査 조사할 사	査　査　査　査　査 ❶ 조사(調査) : 사물의 내용을 자세히 살펴 봄 ❷ 검사(檢査) : 사실을 조사하여 옳고 그름과 낫고 못함을 판단하는 일
87	史 사기(史記)/역사 사:	史　史　史　史　史 ❶ 사료(史料) : 역사 연구에 필요한 자료 ❷ 역사(歷史) : 인류 사회의 변천과 흥망의 과정
88	思 생각 사(:)	思　思　思　思　思 ❶ 사고(思考) : 생각하고 궁리함 ❷ 의사(意思) : 무엇을 하고자 하는 생각
89	士 선비/병사 사:	士　士　士　士　士 ❶ 용사(勇士) : 용맹스러운 사람 ❷ 명사(名士) : 세상에 널리 알려진 사람
90	仕 섬길/벼슬 사(:)	仕　仕　仕　仕　仕 ❶ 급사(給仕) : 심부름하는 사람 ❷ 사일(仕日) : 벼슬자리에 있던 날 수

번호	획순 · 훈(뜻) 음(소리)	따라 쓰기 · 어휘 뜻풀이
91	産 낳을/생산할 산:	❶ 산업(産業) : 생산을 하는 사업 ❷ 재산(財産) : 개인이나 가정, 단체가 소유하는 재물
92	賞 상줄 상	❶ 상금(賞金) : 상으로 주는 돈 ❷ 입상(入賞) : 상을 탈 수 있는 등수 안에 듦
93	相 서로 상	❶ 상반(相反) : 서로 반대되거나 어긋남 ❷ 상대(相對) : 서로 마주 대함
94	商 장사 상	❶ 협상(協商) : 여러 사람이 모여 서로 의논함 ❷ 통상(通商) : 나라들 사이에 서로 물품을 사고팖
95	序 차례 서:	❶ 순서(順序) : 정해진 차례 ❷ 서론(序論) : 본론의 실마리가 되는 논설

5급

번호	획순·훈(뜻) 음(소리)	따라 쓰기 · 어휘 뜻풀이
96	選 가릴 선:	❶ 선출(選出) : 여럿 가운데서 골라냄 ❷ 예선(豫選) : 본선에 나갈 선수나 팀을 뽑음
97	鮮 고울/생선 선	❶ 선명(鮮明) : 산뜻하고 뚜렷하여 다른 것과 혼동되지 않음 ❷ 신선(新鮮) : 새롭고 산뜻함이나 싱싱함 ❸ 생선(生鮮) : 먹기 위해 잡은 신선한 물고기
98	船 배 선	❶ 선장(船長) : 배의 최고 책임자 ❷ 상선(商船) : 돈을 받고 사람이나 짐을 나르는 데에 쓰는 배
99	仙 신선 선	❶ 선녀(仙女) : 하늘에 산다는 여자 신선 ❷ 신선(神仙) : 선도를 닦아서 도에 통한 사람
100	善 착할/좋을 선:	❶ 선전(善戰) : 있는 힘을 다하여 잘 싸움 ❷ 개선(改善) : 잘못을 고쳐 좋게 함

번호	획순 · 훈(뜻) 음(소리)	따라 쓰기 · 어휘 뜻풀이
101	說 말씀 설 달랠 세	說　說　說　說　說 ❶ 설명(說明) : 상대편이 잘 알 수 있도록 밝혀 말함　❷ 역설(力說) : 자기의 뜻을 힘주어 말함 ❸ 유세(遊說) : 자기 의견 또는 자기 소속 정당의 주장을 선전하며 돌아 다님
102	性 성품/성질 성:	性　性　性　性　性 ❶ 성격(性格) : 개인이 가지고 있는 고유의 성질이나 품성 ❷ 성별(性別) : 남녀나 암수의 구별
103	洗 씻을 세:	洗　洗　洗　洗　洗 ❶ 세수(洗手) : 손이나 얼굴을 씻음 ❷ 세차(洗車) : 자동차의 차체에 낀 때를 물로 씻어 내는 것
104	歲 해 세:	歲　歲　歲　歲　歲 ❶ 세출(歲出) : 국가나 지방 자치 단체의 한 회계 연도에 있어서의 모든 지출 ❷ 연세(年歲) : '나이'의 높임말
105	束 묶을 속	束　束　束　束　束 ❶ 결속(結束) : 한 덩어리가 되게 묶음 ❷ 단속(團束) : 규칙이나 법령, 명령 따위를 지키도록 통제함

번호	획순 · 훈(뜻) 음(소리)	따라 쓰기 · 어휘 뜻풀이
106	首 머리 수	❶ 수석(首席) : 맨 윗자리 ❷ 수도(首都) : 한 나라의 중앙 정부가 있는 도시
107	宿 잘 숙 별자리 수:	❶ 숙소(宿所) : 머물러 묵는 곳　❷ 합숙(合宿) : 여러 사람이 한 곳에서 집단적으로 묵음 ❸ 성수(星宿) : 모든 성좌(星座)의 별들
108	順 순할 순:	❶ 순풍(順風) : 배가 가는 쪽으로 부는 바람 ❷ 식순(式順) : 의식을 진행하는 순서
109	示 보일 시:	❶ 고시(告示) : 글로 써서 게시하여 널리 알림 ❷ 표시(表示) : 겉으로 드러내 보임
110	識 알 식 적을/기록할 지	❶ 식별(識別) : 분별하여 알아봄 ❷ 상식(常識) : 사람들이 보통 알고 있거나 알아야 하는 지식　❸ 표지판(標識板)

번호	획순 · 훈(뜻) 음(소리)	따라 쓰기 · 어휘 뜻풀이
111	臣 신하 신	臣　臣　臣　臣　臣 ❶ 신하(臣下) : 임금을 섬기어 벼슬하는 사람 ❷ 공신(功臣) : 나라를 위하여 특별한 공을 세운 신하
112	實 열매/참/실제 실	實　實　實　實　實 ❶ 실감(實感) : 실제로 체험하는 느낌 ❷ 현실(現實) : 현재의 사실이나 형편
113	兒 아이 아	兒　兒　兒　兒　兒 ❶ 아동(兒童) : 어린아이 ❷ 육아(育兒) : 어린아이를 기름
114	惡 악할 악 미워할 오	惡　惡　惡　惡　惡 ❶ 악의(惡意) : 나쁜 마음　　❷ 선악(善惡) : 착한 것과 악한 것 ❸ 오불거선(惡不去善) : 사람은 미워하더라도 그 사람의 착한 점만은 버리지 아니함
115	案 책상/생각/안건 안:	案　案　案　案　案 ❶ 안건(案件) : 토의하거나 조사하여야 할 사실 ❷ 안내(案內) : 어떤 내용을 소개하여 알려 줌

5급

번호	획순 · 훈(뜻) 음(소리)	따라 쓰기 · 어휘 뜻풀이
116	約 맺을/약속할 약	約 約 約 約 約 ❶ 약속(約束) : 다른 사람과 앞으로의 일을 미리 정하여 둠 ❷ 약혼(約婚) : 혼인하기로 약속함
117	養 기를 양:	養 養 養 養 養 ❶ 양성(養成) : 가르쳐서 유능한 사람을 길러 냄 ❷ 교양(敎養) : 학식을 바탕으로 배워 닦은 수양
118	魚 고기/물고기 어	魚 魚 魚 魚 魚 ❶ 활어(活魚) : 살아 있는 물고기 ❷ 어물(魚物) : 생선을 가공해서 말린 것
119	漁 고기 잡을 어	漁 漁 漁 漁 漁 ❶ 어민(漁民) : 물고기 잡는 일을 직업으로 하는 사람 ❷ 어선(漁船) : 고기잡이 하는 배
120	億 억(數字) 억	億 億 億 億 億 ❶ 억만(億萬) : 셀 수 없을 만큼 많은 수효 ❷ 억한(億恨) : 몹시 많은 원한

번호	획순 · 훈(뜻) 음(소리)	따라 쓰기 · 어휘 뜻풀이
121	熱 더울 열	熱 熱 熱 熱 熱 ❶ 열기(熱氣) : 뜨거운 기운 ❷ 가열(加熱) : 열을 가함
122	葉 잎 엽	葉 葉 葉 葉 葉 ❶ 엽전(葉錢) : 놋쇠로 만든 옛날의 돈 ❷ 낙엽(落葉) : 떨어진 나뭇잎
123	屋 집 옥	屋 屋 屋 屋 屋 ❶ 옥상(屋上) : 지붕의 위 ❷ 한옥(韓屋) : 우리나라 고유의 형식으로 지은 집
124	完 완전할 완	完 完 完 完 完 ❶ 완공(完工) : 공사를 완성함 ❷ 완승(完勝) : 완전하게 이김
125	曜 빛날 요:	曜 曜 曜 曜 曜 ❶ 일요일(日曜日) : 한 주의 마지막 날 ❷ 월요일(月曜日) : 한 주가 시작되는 날

번호	획순·훈(뜻) 음(소리)	따라 쓰기 · 어휘 뜻풀이
126	要 요긴할/중요할 요(:)	❶ 요건(要件) : 필요한 조건　❷ 중요(重要) : 귀중하고 요긴함 ❸ 필요(必要) : 반드시 요구되는 바가 있음
127	浴 목욕할 욕	❶ 욕실(浴室) : 목욕을 할 수 있도록 시설을 갖춘 방 ❷ 일광욕(日光浴) : 햇볕에 몸을 쬐어 몸을 튼튼히 함
128	友 벗 우:	❶ 우애(友愛) : 형제간 또는 친구 간의 사랑이나 정분 ❷ 교우(交友) : 벗을 사귐
129	雨 비 우:	❶ 우기(雨期) : 비가 많이 오는 시기 ❷ 강우량(降雨量) : 일정 기간 동안 일정한 곳에 내린 비의 분량
130	牛 소 우	❶ 한우(韓牛) : 우리나라 재래종의 소 ❷ 우유(牛乳) : 소의 젖

번호	획순 · 훈(뜻) 음(소리)	따라 쓰기 · 어휘 뜻풀이
131	雲 구름 운	雲 雲 雲 雲 雲 ❶ 운해(雲海) : 구름이 덮인 바다 ❷ 운집(雲集) : 구름처럼 많이 모임
132	雄 수컷/뛰어날 웅	雄 雄 雄 雄 雄 ❶ 영웅(英雄) : 재능과 담력이 뛰어난 사람 ❷ 웅대(雄大) : 규모가 크고 웅장함
133	院 집/관아 원	院 院 院 院 院 ❶ 법원(法院) : 사법권을 행사하는 국가 기관 ❷ 통원(通院) : 병원으로 치료를 받으러 다님
134	原 언덕/근원 원	原 原 原 原 原 ❶ 원인(原因) : 어떤 일의 근본이 되는 까닭 ❷ 초원(草原) : 풀이 나 있는 들판
135	願 원할 원:	願 願 願 願 願 ❶ 원서(願書) : 지원하거나 청원하는 내용을 적은 서류 ❷ 숙원(宿願) : 오래전부터 품어 온 염원이나 소망

번호	획순 · 훈(뜻) 음(소리)	따라 쓰기 · 어휘 뜻풀이
136	元 으뜸/처음 원	元　元　元　元　元 ❶ 원래(元來) : 처음부터 ❷ 원로(元老) : 한 가지 일에 오래 종사하여 경험과 공로가 많은 사람
137	位 자리 위	位　位　位　位　位 ❶ 위치(位置) : 일정한 곳에 자리를 차지함 ❷ 순위(順位) : 차례나 순서를 나타내는 위치나 지위
138	偉 클 위	偉　偉　偉　偉　偉 ❶ 위업(偉業) : 위대한 사업이나 업적 ❷ 위인(偉人) : 뛰어나고 위대한 사람
139	耳 귀 이:	耳　耳　耳　耳　耳 ❶ 이목(耳目) : 귀와 눈, 또는 주의나 관심 ❷ 마이동풍(馬耳東風) : 남의 말을 귀담아듣지 아니하고 지나쳐 흘려버림
140	以 써 이:	以　以　以　以　以 ❶ 이상(以上) : 일정한 기준보다 더 많거나 나음 ❷ 이후(以後) : 이제부터 뒤　❸ ~가지고, 이로써

번호	획순 · 훈(뜻) 음(소리)	따라 쓰기 · 어휘 뜻풀이
141	因 인할 인	因　因　因　因　因 ❶ 인과(因果) : 원인과 결과 ❷ 요인(要因) : 사물이나 사건이 성립되는 까닭
142	任 맡길 임(:)	任　任　任　任　任 ❶ 책임(責任) : 맡아서 해야 할 임무나 의무 ❷ 소임(所任) : 맡은 바 직책이나 임무
143	災 재앙 재	災　災　災　災　災 ❶ 재해(災害) : 재앙으로부터 받은 피해 ❷ 화재(火災) : 불이 나는 재앙
144	再 두/두 번/거듭 재:	再　再　再　再　再 ❶ 재개(再開) : 다시 시작함 ❷ 재발(再發) : 다시 발생함
145	材 재목/재료/재능 재	材　材　材　材　材 ❶ 재료(材料) : 물건을 만드는 데 드는 원료 ❷ 교재(敎材) : 가르치고 배우는 데 쓰이는 재료

5급

번호	획순 · 훈(뜻) 음(소리)	따라 쓰기 · 어휘 뜻풀이
146	財 재물 재	財 財 財 財 財 ❶ 재산(財産) : 재화와 자산 ❷ 가재(家財) : 한 집의 재물이나 재산
147	爭 다툴 쟁	爭 爭 爭 爭 爭 ❶ 경쟁(競爭) : 같은 목적에 대하여 이기거나 앞서려고 서로 겨룸 ❷ 언쟁(言爭) : 말로 옳고 그름을 가리는 다툼
148	貯 쌓을 저:	貯 貯 貯 貯 貯 ❶ 저금(貯金) : 돈을 모아 둠 ❷ 저수지(貯水池) : 물을 모아두는 못
149	的 과녁/참/목표 적	的 的 的 的 的 ❶ 적중(的中) : 목표물에 맞음 ❷ 목적(目的) : 실현하려고 하는 일이나 나아가는 방향
150	赤 붉을 적	赤 赤 赤 赤 赤 ❶ 적도(赤道) : 위도의 기준이 되는 선 ❷ 적자(赤字) : 수입보다 지출이 많은 일

번호	획순 · 훈(뜻) 음(소리)	따라 쓰기 · 어휘 뜻풀이
151	典	典 典 典 典 典
	법/책 전:	❶ 법전(法典) : 국가가 제정한 통일적 · 체계적인 성문 법규집 ❷ 특전(特典) : 특별히 베푸는 은전
152	傳	傳 傳 傳 傳 傳
	전할 전	❶ 전래(傳來) : 예로부터 전하여 내려옴 ❷ 전달(傳達) : 전하여 이르게 함
153	展	展 展 展 展 展
	펼/ 나아갈 전:	❶ 전망(展望) : 멀리 바라봄 ❷ 발전(發展) : 더 낫고 좋은 상태나 더 높은 단계로 나아감
154	切	切 切 切 切 切
	끊을 절 온통 체	❶ 절감(切感) : 절실히 느낌 ❷ 친절(親切) : 대하는 태도가 매우 정겹고 고분고분함 ❸ 일체(一切) : 모든 것
155	節	節 節 節 節 節
	마디/예절/철 절	❶ 절약(節約) : 아껴 씀 ❷ 시절(時節) : 일정한 시기나 때 ❸ 예의범절(禮儀凡節) : 모든 예의와 절차

5급

번호	획순 · 훈(뜻) 음(소리)	따라 쓰기 · 어휘 뜻풀이
156	店	店 店 店 店 店
	가게 점:	❶ 점유(占有) : 차지하여 자기의 소유로 함 ❷ 서점(書店) : 책을 팔거나 사는 가게
157	情	情 情 情 情 情
	뜻 정	❶ 감정(感情) : 사물에 느끼어 일어나는 심정 ❷ 온정(溫情) : 따뜻한 인정
158	停	停 停 停 停 停
	머무를 정	❶ 정지(停止) : 움직이고 있던 것이 멎거나 그침 ❷ 조정(調停) : 분쟁의 중간에 서서 화해시킴
159	操	操 操 操 操 操
	잡을 조(:)	❶ 조심(操心) : 잘못이나 실수가 없도록 말이나 행동에 마음을 씀 ❷ 조작(操作) : 기계 따위를 일정한 방식에 따라 다루어 움직임
160	調	調 調 調 調 調
	고를/조절할 조	❶ 조사(調査) : 사물의 내용을 자세히 살펴보거나 찾아봄 ❷ 강조(強調) : 강하게 주장함

번호	획순 · 훈(뜻) 음(소리)	따라 쓰기 · 어휘 뜻풀이
161	卒 마칠/끝낼/군사 졸	卒 卒 卒 卒 卒 ❶ 졸병(卒兵) : 직위가 낮은 병사 ❷ 졸업(卒業) : 일정한 규정이 있는 학업을 마침
162	終 마칠 종	終 終 終 終 終 ❶ 종전(終戰) : 전쟁이 끝남 ❷ 시종(始終) : 처음부터 끝까지
163	種 씨/심을 종(:)	種 種 種 種 種 ❶ 종류(種類) : 사물의 부문을 나누는 갈래 ❷ 각종(各種) : 온갖 종류
164	罪 허물/죄 죄:	罪 罪 罪 罪 罪 ❶ 죄인(罪人) : 죄를 지은 사람 ❷ 무죄(無罪) : 아무 잘못이나 죄가 없음
165	週 주일/돌 주	週 週 週 週 週 ❶ 주말(週末) : 한 주일의 끝 무렵 ❷ 매주(每週) : 각각의 주마다

번호	획순 · 훈(뜻) 음(소리)	따라 쓰기 · 어휘 뜻풀이
166	州	州　州　州　州　州
	고을 주	❶ 광주(光州) : 전라남도의 중앙부에 있는 시 ❷ 광주(廣州) : 경기도의 중앙에 있는 시
167	止	止　止　止　止　止
	그칠 지	❶ 금지(禁止) : 금하여 못하게 함 ❷ 중지(中止) : 하던 일을 중도에서 그만둠
168	知	知　知　知　知　知
	알 지	❶ 지능(知能) : 지혜와 재능 ❷ 감지(感知) : 느끼어 아는 것
169	質	質　質　質　質　質
	바탕/성질 질	❶ 자질(資質) : 타고난 성품이나 소질 ❷ 질문(質問) : 알고자 하는 바를 얻기 위해 물음
170	着	着　着　着　着　着
	붙을/시작할 착	❶ 착륙(着陸) : 비행기 따위가 공중에서 활주로나 판판한 곳에 내림 ❷ 착수(着手) : 어떤 일에 손을 대어 시작함 ❸ 도착(到着) : 목적한 곳에 다다름

번호	획순 · 훈(뜻) 음(소리)	따라 쓰기 · 어휘 뜻풀이
171	參 참여할 참 석 삼	參　參　參　參　參 ❶ 참가(參加) : 어떤 모임이나 단체에 참여하거나 가입함 ❷ 참고(參考) : 살펴서 생각함　❸ 증삼살인(曾參殺人) : 거짓말도 되풀이 해 들으면 믿어버리게 된다는 말
172	唱 부를/노래 창:	唱　唱　唱　唱　唱 ❶ 창법(唱法) : 노래를 부르는 방법 ❷ 독창(獨唱) : 혼자서 노래를 부름
173	責 꾸짖을/책임 책	責　責　責　責　責 ❶ 책임(責任) : 맡아서 해야 할 임무나 의무 ❷ 중책(重責) : 중요한 책임
174	鐵 쇠 철	鐵　鐵　鐵　鐵　鐵 ❶ 철도(鐵道) : 기차나 전차가 다니도록 만들어 놓은 시설 ❷ 고철(古鐵) : 아주 낡고 오래된 쇠
175	初 처음 초	初　初　初　初　初 ❶ 초기(初期) : 처음 시기 ❷ 연초(年初) : 새해의 첫머리

번호	획순·훈(뜻) 음(소리)	따라 쓰기 · 어휘 뜻풀이
176	最 가장 **최**:	❶ 최강(最強) : 가장 강함 ❷ 최선(最善) : 가장 좋고 훌륭함
177	祝 빌 **축**	❶ 축복(祝福) : 행복을 빎 ❷ 자축(自祝) : 자기 일을 자기가 좋아함
178	充 채울 **충**	❶ 충당(充當) : 모자라는 것을 채워 메움 ❷ 충분(充分) : 분량이 적적하여 모자람이 없음
179	致 이를 **치**:	❶ 경치(景致) : 자연의 아름다운 모습 ❷ 언행일치(言行一致) : 말과 행동이 같음
180	則 법칙 **칙** 곧 **즉**	❶ 반칙(反則) : 법칙이나 규정, 규칙 따위를 어김　❷ 원칙(原則) : 기본적인 규칙이나 법칙 ❸ 필사즉생 필생즉사(必死則生 必生則死) : 죽기를 각오하면 살 것이며, 살기로 각오하면 죽을 것이다.

번호	획순·훈(뜻) 음(소리)	따라 쓰기 · 어휘 뜻풀이
181	他 다를 타	他 他 他 他 他 ❶ 타인(他人) : 다른 사람 ❷ 자타(自他) : 자기와 남
182	打 칠 타:	打 打 打 打 打 ❶ 타산(打算) : 자신에게 도움이 되는지를 따져 헤아림 ❷ 대타(代打) : 대신하여 공을 침
183	卓 높을 탁	卓 卓 卓 卓 卓 ❶ 탁상(卓上) : 탁자의 위 ❷ 식탁(食卓) : 음식을 차려 놓고 먹게 만든 탁자
184	炭 숯 탄:	炭 炭 炭 炭 炭 ❶ 석탄(石炭) : 식물질이 오랜 기간 동안 묻혀 된 암석 ❷ 목탄(木炭) : 나무를 태워서 만든 숯
185	宅 집 택 댁 댁	宅 宅 宅 宅 宅 ❶ 택지(宅地) : 집을 지을 땅　❷ 주택(住宅) : 사람이 들어가 살 수 있게 지은 건물 ❸ 시댁(媤宅) : '시집'을 높이 이르는 말

5급

번호	획순 · 훈(뜻) 음(소리)	따라 쓰기 · 어휘 뜻풀이
186	板 널 판	❶ 빙판(氷板) : 얼음이 깔린 길바닥 ❷ 간판(看板) : 상점 따위에 내 건 표지
187	敗 패할 패:	❶ 패인(敗因) : 싸움에서 지거나 일에 실패한 원인 ❷ 실패(失敗) : 일을 잘못하여 뜻한 대로 되지 아니하거나 그르침
188	品 물건 품:	❶ 품질(品質) : 물건의 성질과 바탕 ❷ 상품(商品) : 사고파는 물품
189	必 반드시 필	❶ 필승(必勝) : 반드시 이김 ❷ 필요(必要) : 꼭 소용이 됨
190	筆 붓 필	❶ 필기(筆記) : 글씨를 씀 ❷ 친필(親筆) : 손수 쓴 글씨

번호	획순 · 훈(뜻) 음(소리)	따라 쓰기 · 어휘 뜻풀이
191	河 물 하	河 河 河 河 河 ❶ 하천(河川) : 강과 시내 ❷ 산하(山河) : 산과 내라는 뜻으로, '자연' 을 이르는 말
192	寒 찰 한	寒 寒 寒 寒 寒 ❶ 한기(寒氣) : 추운 기운 ❷ 엄동설한(嚴冬雪寒) : 눈 내리는 깊은 겨울의 심한 추위
193	害 해할/방해할 해:	害 害 害 害 害 ❶ 손해(損害) : 물질적으로나 정신적으로 밑짐 ❷ 재해(災害) : 재앙으로부터 받은 피해
194	許 허락할 허	許 許 許 許 許 ❶ 허가(許可) : 행동이나 일을 하도록 허락하는 일 ❷ 특허(特許) : 특별히 허가함.(발명에 대해 주는 권리)
195	湖 호수 호	湖 湖 湖 湖 湖 ❶ 호남(湖南) : 전라남 · 북도를 일컫는 말 ❷ 호수(湖水) : 땅이 우묵하게 들어가 물이 괴어 있는 곳

번호	획순 · 훈(뜻) 음(소리)	따라 쓰기 · 어휘 뜻풀이
196	化 될 화(:)	化　化　化　化　化 ❶ 소화(消化) : 섭취한 음식물을 분해하여 영양분을 흡수하기 쉬운 형태로 변화시키는 일 ❷ 강화(強化) : 세력이나 힘을 더 강하고 튼튼하게 함
197	患 근심 환:	患　患　患　患　患 ❶ 환자(患者) : 병들거나 다쳐서 치료를 받아야 하는 사람 ❷ 유비무환(有備無患) : 미리 준비가 되어 있으면 걱정할 것이 없음
198	效 본받을 효:	效　效　效　效　效 ❶ 효과(效果) : 행위에 의하여 드러나는 보람이나 좋은 결과 ❷ 시효(時效) : 어떤 사실 상태가 일정한 기간 동안 계속되는 일
199	凶 흉할 흉	凶　凶　凶　凶　凶 ❶ 흉작(凶作) : 농사가 잘 안되어 소출이 아주 적음 ❷ 길흉(吉凶) : 운이 좋고 나쁨
200	黑 검을 흑	黑　黑　黑　黑　黑 ❶ 흑심(黑心) : 음흉하고 부정한 욕심이 많은 마음 ❷ 흑자(黑字) : 수입이 지출보다 많아 잉여 이익이 생기는 일

동음이의어 한자어(同音異議語 漢字語)　소리는 같으나 뜻이 서로 다른 한자어

❶ 가구(家口) : 집안 식구 ❷ 가구(家具) : 집안 살림에 쓰는 가구	❶ 동화(童話) : 어린이를 위하여 지은 이야기 ❷ 동화(同化) : 성질이 다르던 것이 같게 됨
❶ 개화(開花) : 풀이나 나무의 꽃이 핌 ❷ 개화(開化) : 사람의 지혜가 열려 새롭게 됨	❶ 병사(病死) : 병으로 죽음 ❷ 병사(兵士) : 군인 군사
❶ 고가(高價) : 물건 값이 비싼 가격 ❷ 고가(古家) : 지은 지 오래 된 집	❶ 산지(山地) : 들이 적고 산이 많은 지대 ❷ 산지(産地) : 생산되어 나오는 곳
❶ 고대(古代) : 옛 시대, 아주 오랜된 옛날 ❷ 고대(苦待) : 몹시 애타게 기다림	❶ 상품(商品) : 사고파는 물건 ❷ 상품(上品) : 질이 좋은 물품
❶ 고전(古典) : 옛날의 서적이나 좋은 작품 ❷ 고전(苦戰) : 운동, 전쟁, 몹시 힘들고 어렵게 싸움	❶ 수기(手記) : 자기의 생활이나 체험을 직접 씀 ❷ 수기(手旗) : 손에 드는 작은 기
❶ 고지(告知) : 게시나 글을 토해서 알림 ❷ 고지(高地) : 평지보다 높은 땅	❶ 수중(水中) : 물속, 물 가운데 ❷ 수중(手中) : 손의 안
❶ 과실(果實) : 과일 나무의 먹을 수 있는 열매 ❷ 과실(過失) : 잘못이나 허물	❶ 시가(市價) : 시장에서 상품이 매매되는 가격 ❷ 시가(時價) : 일정한 시기의 물건 값
❶ 교우(校友) : 같은 학교를 다니는 벗 ❷ 교우(敎友) : 같은 종교를 믿는 벗	❶ 식수(植樹) : 나무를 심음 ❷ 식수(食水) : 먹는 물
❶ 국가(國家) : 영토와 통치조직을 가진 나라 ❷ 국가(國歌) : 나라를 상징하는 노래, 애국가	❶ 일기(日記) : 그날그날 적는 개인의 기록 ❷ 일기(日氣) : 날씨
❶ 단신(短身) : 키가 작음 ❷ 단신(短信) : 짧게 전하는 뉴스	❶ 자신(自身) : 자기 또는 자기의 몸 ❷ 자신(自信) : 해낼 수 있다고 스스로 믿음
❶ 대가(代價) : 일을 하고 받는 돈 ❷ 대가(大家) : 전문분야에서 뛰어난 사람	❶ 입장(入場) : 어떤 장소에 들어감 ❷ 입장(立場) : 당면하고 있는 상황
❶ 도장(道場) : 무예를 닦는 곳 ❷ 도장(圖章) : 이름을 나무나 뿔에 새긴 물건	❶ 전신(全身) : 온몸 ❷ 전신(電信) : 전파나 전료를 보내는 통신
❶ 독자(獨子) : 외아들 ❷ 독자(讀者) : 책이나 신문 등을 읽는 사람	❶ 전후(前後) : 앞과 뒤 ❷ 전후(戰後) : 전쟁이 끝난 후
❶ 동문(同門) : 같은 학교를 다니던 사람 ❷ 동문(東門) : 동쪽에 있는 문	❶ 청천(靑天) : 푸른 하늘 ❷ 청천(淸泉) : 맑고 깨끗한 샘
❶ 동창(同窓) : 같은 학교에서 공부하는 사람 ❷ 동창(東窓) : 동쪽으로 난 창문	❶ 휴전(休電) : 전기 공급을 일시적으로 중단 ❷ 휴전(休戰) : 전쟁을 얼마동안 멈춤

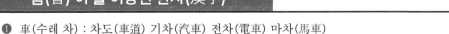

음(音)이 둘 이상인 한자(漢字)

❶ 車(수레 차) : 차도(車道) 기차(汽車) 전차(電車) 마차(馬車)
❷ 車(수레 거) : 자전거(自轉車) 정거장(停車場) 인력거(人力車) 거마비(車馬費)

❶ 金(쇠 금) : 금상(金賞) 금품(金品) 금고(金庫) 금액(金額)
❷ 金(성 김) : 姓(성)으로 쓸 때는 '김'으로 읽는다. 金氏(김씨)

❶ 樂(즐길 락) : 낙원(樂園) 고락(苦樂) 극락(極樂) 오락(娛樂)
❷ 樂(노래 악) : 악기(樂器) 악단(樂團) 악보(樂譜) 악사(樂士)
❸ 樂(좋아할 요) : 요산요수(樂山樂水) – 산을 좋아하고 물을 좋아한다는 뜻

❶ 北(북녘 북) : 북한(北韓) 북부(北部) 북상(北上) 남북(南北)
❷ 北(달아날 패) : 패배(敗北)

❶ 不(아닐 불) : 불편(不便) 불멸(不滅) 불혹(不惑) 불균형(不均衡)
❷ 不(아닐 부) : 부동(不動) 부진(不振) 부정(不正) 부동액(不凍液)
　※不(불)이 'ㄷ, ㅈ' 앞에 올 때에는 '부'로 읽는다.

❶ 度(법도 도) : 각도(角度) 빈도(頻度) 연도(年度) 밀도(密度)
❷ 度(헤아릴 탁) : 탁지(度地) 탁지부(度支部)

❶ 六(여섯 륙) : 육십(六十) 육서(六書) 육면체(六面體)
❷ 六(여섯 유) : 유월(六月)
❸ 六(여섯 뉴) : 오뉴월(五六月)
　※六이 '六月'로 사용될 때에는 '유'로 읽는다.
　※六이 '五六月'로 사용될 때에는 '뉴'로 읽는다.

❶ 省(살필 성) : 반성(反省) 귀성(歸省) 성찰(省察) 자성(自省)
❷ 省(덜 생) : 생략(省略)

❶ 切(끊을 절) : 절망(切望) 절실(切實) 친절(親切) 간절(懇切)
❷ 切(온통 체) : 일체(一切)

❶ 十(열 십) : 십년(十年) 십자가(十字架) 십중팔구(十中八九)
❷ 十(열 시) : 시월(十月) 구시월(九十月)
　※十이 '十月'로 사용될 때에는 '시'로 읽는다.

❶ 便(편할 편) : 편리(便利) 편안(便安) 불편(不便) 편지(便紙)
❷ 便(똥오줌 변) : 변소(便所) 소변(小便) 용변(用便) 대변(大便)

❶ 行(다닐 행) : 행동(行動) 행사(行事) 행실(行實) 행위(行爲)
❷ 行(항렬 항) : 항렬(行列)

❶ 畫(그림 화) : 화가(畫家) 화실(畫室) 벽화(壁畫) 만화(漫畫)
❷ 畫(그을 획) : 획순(畫順)

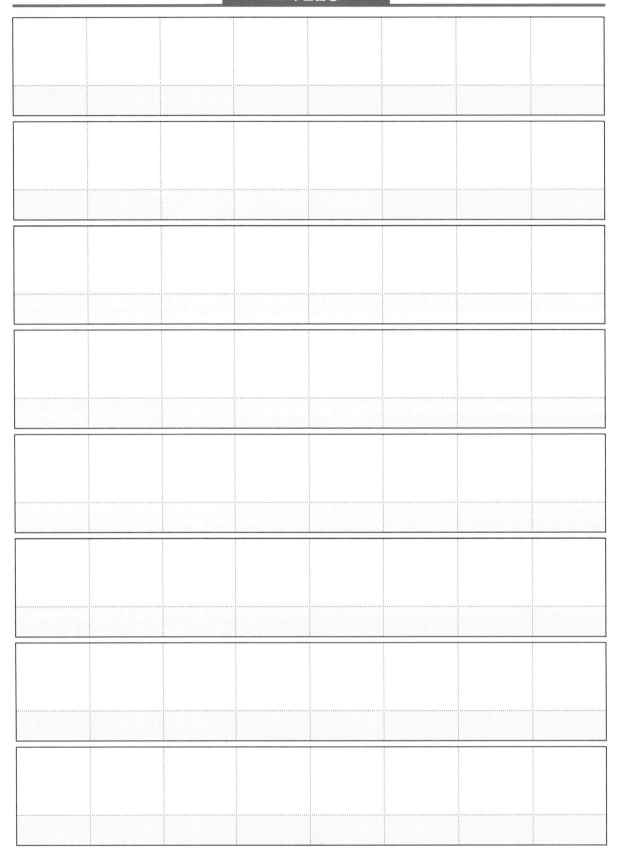

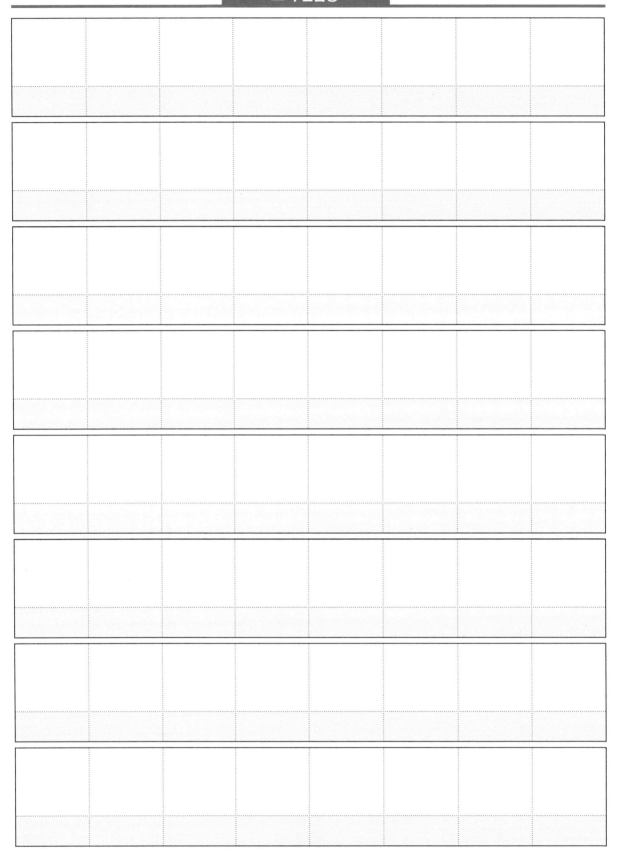

十看不如一讀(십간불여일독)이요.

열 번 눈으로 보기만 하는 것은 한번 소리 내어 읽는 것만 못하고,

十讀不如一書(십독불여일서)이다.

열 번 소리 내어 읽는 것은 한번 정성들여 쓰는 것만 못하다.